Pferd? Erklärt!

Gesundheit und Ernährung
Teil 2

Korinna Imle

ISBN: 9783757800291

Herstellung und Verlag: BoD – Books on Demand, Norderstedt

Bibliografische Information der Deutschen Nationalbibliothek

Die Deutsche Nationalbibliothek verzeichnet diese Publikation in der Deutschen Nationalbibliografie; detaillierte bibliografische Daten sind im Internet über http://dnb.dnb.de abrufbar.

Inhalt

Spartipp Stallapotheke

Im Kapitel "Was gehört in die Stallapotheke" haben wir uns mit dem Inhalt der selbigen beschäftigt. Mit einer gut gefüllten, aktuell gehaltenen Stallapotheke kann man kleinere Wehwehchen selbst behandeln oder bis der Tierarzt eintrifft Erste Hilfe leisten. Wenn man seine Stallapotheke das erste Mal zusammen stellt, kommt einiges zusammen, was man als Pferdebesitzer immer parat haben sollte, falls sich der geliebte Vierbeiner mal verletzt oder krank wird. Aber auch das "Nachfüllen" leerer oder verfallener Sachen kann ganz schön ins Geld gehen. Gut, dass man heutzutage Medikamente und Verbandsmaterial günstig im Internet kaufen kann. Interessante Angebote gibts vor allem bei speziellen Tierapotheken, die auch exotischere oder verschreibungspflichtige Sachen (letztere natürlich nur gegen Rezept vom Tierarzt) parat haben.

Wichtig:

Bitte achtet beim Checken Eurer Stallapotheke nicht nur auf die Verfallsdaten der Medikamente. **Auch sterile Kompressen, Mullbinden und andere Wundauflagen haben ein Verfallsdatum.** Ist das abgelaufen sind sie nicht mehr steril und können gefährliche Keime in die Wunde einbringen, die sie eigentlich vor Infektionen schützen sollten.

Tipp: mindestens alle 6 Monate solltet Ihr Eure Stallapotheke auf Verfallsdatum und Vollständigkeit prüfen. Nur so ist alles frisch und parat, wenns gebraucht wird.

Pferde richtig ernähren - Kraftfutter

Ein wichtiger Bestandteil der Pferdeernährung ist ohne Zweifel das Kraftfutter, zu dem auch das Mischfutter gehört. Vor allem Pferde, die hohe Leistungen erbringen müssen wie beispielsweise im Turniersport, aber auch solche, die generell futterempfindlich sind oder unter Allergien oder Krankheiten wie Hufrehe leiden sind auf eine ausgewogene Ernährung angewiesen. Die Zeiten, in denen man dem Pferd nur eine Schaufel Hafer in den Trog gegeben hat sind lange vorbei. Heute stehen dem Reiter für den Sport- und Freizeitpartner Pferd hervorragende Futtermischungen zur Verfügung, die dem jeweiligen Leistungs- und Gesundheitsprofil optimal angepasst sind.

DIE MISCHUNG MACHTS

Der Fachhandel bietet eine breite Palette an Kraftfutter an. Dieses kann man, je nach Bedarf, als Alleinfutter füttern, oder man mischt andere Futtermittel unter und erhält so die ideale

Zusammensetzung. Beim vielen Marken-Pferdemüslis ist die Auswahl leicht, denn die angebotenen Sorten sind meist entweder für bestimmte Rassen gekennzeichnet oder nach Anwendungsbereich beschrieben.

Außerdem findet Ihr natürlich genaue Inhaltsangaben und Fütterungshinweise. So findet man für jedes Pferd oder Pony und für jede Art der Beanspruchung, egal ob Hochleistungs-Turnierpferd oder Freizeitpartner, das richtige Futter. Und sollte Dein Pferd ein Schleckermäulchen sein gibt es auch Mischungen mit Beeren, Obst oder Kräutern, die das Futter auch noch geschmacklich abrunden.

Besonders zu erwähnen seien hier auch die fertigen Mash-Mischungen. Mash, ein warmer Futterbrei, gilt nach wie vor als der Geheimtip für die Gesundheit des Pferdes, vor allem in der kalten Jahreszeit, nach oder während einer Krankheit oder in Zeiten stärkerer Beanspruchung wie während der anstrengenden Turniersaison.

Musste man früher noch mühsam die Zutaten zusammentragen und sich so lange beim Stallbesitzer einschmeicheln, bis er endlich sein gut gehütetes Mash-Geheim-Rezept rausgerückt hat, so stehen heute hervorragende Mischungen zur Verfügung, die man nur noch mit heißem Wasser anrührt und handwarm füttert.

Wichtig: nach der Mash-Fütterung eventuelle Reste aus dem Trog entfernen und den Trog auswaschen, um zu vermeiden, dass verdorbene Reste gefressen werden.

Arthrose beim Pferd – das frühe Aus für gute Sportler

Pferde müssen heute enorme Leistungen bringen. Sogar das Freizeitpferd ist meist im Dauereinsatz, wird täglich oft mehrfach geritten, schon allein, weil mehrere vergebene Reitbeteiligungen oft der einzige Weg sind, sich den Traum vom eigenen Pferd zu erfüllen. Leider geht der gesteigerte Leistungsanspruch an den Pferden nicht spurlos vorbei. Frühzeitige Verschleißerscheinungen wie Arthrose oder Hufprobleme können die Folge sein.

Glücklicherweise kann man vorbeugen, jedoch profitieren meist nur die Pferde von Profireitern von den Segen der modernen Forschung.

Dabei ist die Vorsorge und das Lindern leichter Arthrose mit dem richtigen Know How weder kompliziert noch besonders teuer, sondern erhält die Gesundheit und die Leistungesfähigkeit unseres vierbeinigen Sportkameraden.

Unter Arthrose versteht man die degenerative Erkrankung der Gelenksknorpel. Zum besseren Verständnis: Im Gelenk sind die Flächen, die aufeinander reiben, mit glattem Knorpel überzogen. Diese Knorpelschicht macht die Bewegung erst möglich, denn blanker Knochen wäre viel zu rauh und würde sich wie Schmirgelpapier abreiben.

Bei Arthrose ist dieser wichtigen Knorpel nun geschädigt, das Gelenk kann nicht mehr „sauber laufen". Es kommt zu Schmerzen und Bewegungseinschränkungen bis hin zur schweren Lahmheit.

Am Ende der Arthrose steht, so schlimm das sich anhört, der Schlachthof.

Doch wie kann man der Abnutzung der Gelenkknorpel vorbeugen, um es erst gar nicht zur Arthrose kommen zu lassen? Zunächst einmal sollte man sein Pferd nur in dessen Möglichkeiten belasten. Auch Pferde brauchen Ruhephasen, in denen sich ihre Muskeln, Sehen und Gelenke von den Beanspruchungen erholen können.

Wenn das Pferd beim Warmreiten irgendwie steif wirkt und sich die Verspannungen nicht lockern wollen, dann ist dies kein „schlechter Tag" sondern einfach ein Anzeichen von Überlastung. In diesem Fall sollte man so viel Tierfreund sein und das Training abbrechen. Ein Schritt-Ausritt im Grünen oder besser „zurück auf die Koppel" sind die beste Vorbeugung gegen degenerative Erkrankungen.

Natürlich kann man auch mit Futterergänzungsmitteln vorbeugen und sogar leichte Arthrose effektiv mildern. Allen voran sei hier der Aminozucker Glucosamin erwähnt.

Er wird normalerweise aus Futterbestandteilen selbst hergestellt, kann aber auch ergänzend gefüttert werden. Vor allem in Zeiten erhöhter Belastung hat sich das Zufüttern von Glucosamin bewährt. Glucosamin ist der Hauptbestandteil der Synovia, der Gelenkflüssigkeit. Diese dient zum einen als „Schmiermittel" fürs Gelenk, zum anderen ist sie für die „Ernährung" des Knorpels verantwortlich. Knorpel habe im Gegensatz zu Knochen nämlich keine eigenen Blutgefäße, sie werden von außen durch die sie umgebende Gelenkflüssigkeit ernährt.

Fehlt diese, geht der Knorpel an Nährstoffmangel zu Grunde, wird dünn, rissig oder brüchig. Arthrose ist die direkte Folge.

Ein weiterer sehr hilfreicher Stoff im Kampf gegen Arthrose ist MSM (Methylsulfonylmethan).

MSM wird auch beim Menschen eingesetzt, um bereits vorhandene Arthrose zu milden und kommt vor allem in Milchprodukten und Kaffee vor. Da wir unseren vierbeinigen Sportfreunden morgens nicht unbedingt einen Cappuccino reichen sollten, bevor wir mit dem Training beginnen, macht auch hier der Einsatz von Futterergänzungsmitteln Sinn. MSM als schwefelhaltige Aminosäure hemmt sowohl die die Arthrose immer begleitende Arthritis (Gelenksentzündung) und schützt gleichzeitig den Knorpel vor dem Abbau.

Pferdefutter – rundum gesund dank richtiger Ernährung

Pferde sind Pflanzenfresser, das wissen wir alle. Doch sie einfach nur mit Gras abzuspeisen ist bei den Anforderungen, die ein heutiges Pferd als Hobby-, Sport- und Freizeitpartner erfüllen muss, keine gute Idee.

Schnell schleichen sich Mangeierscheinungen und Krankheiten ein. Stumpfes Fell, weiches Hufhorn, Zahnprobleme, Verdauungserscheinungen und allgemeine Leistungsminderung sind nur die Spitze des Eisbergs.

Ein schlecht ernährtes Pferd ist in letzter Konsequenz sogar eine Gefahr für den Reiter.

Sie halten das für übertrieben? Schauen wir mal genauer hin: Als Beispiel soll die Versorgung mit Vitamin A bzw. Beta-Carotin dienen.

Ist von diesem Vitamin bzw. seiner Vorstufe nicht ausreichend im Futter vorhanden, so vermindert das mit der Zeit die Sehfähigkeit sowie die Fähigkeit zur Adaption.

Das heißt, das Pferd sieht insgesamt nicht mehr so gut, vor allem aber kann es sich weniger gut auf wechselnde Lichtverhältnisse einstellen (Hell-Dunkel-Adaption).

Die Blendempfindlichkeit steigt. Nun stellen wir uns vor, der Reiter ist auf seinem normalerweise straßen- und verkehrssicheren Pferd unterwegs und es beginnt langsam zu dämmern als ein Auto entgegenkommt. Normalerweise würde das Pferd gelassen reagieren, jetzt wird es jedoch geblendet und erschrickt. Jeder Reiter weiß, dass diese Situation gefährlich ist.

So weit muss es jedoch gar nicht kommen.

Ein durch das falsche Pferdefutter schlecht oder mangelhaft ernährtes Pferd ist wie bereits erwähnt, weniger leistungsfähig und damit unter Umständen nicht oder nur eingeschränkt in der Lage, die Anforderungen, die wir an unseren Sportpartner stellen, zu erfüllen. Dabei muss es nicht mal das anstrengende Turnier oder der stressige Wettbewerb sein. Auch für den Freizeitgebrauch und das tägliche Training wünschen wir uns ein Pferd, das gesund, leistungsbereit und voll bei der Sache ist.

WO BEKOMMT MAN GUTES FUTTER?

Weitere Infos zu Pferdefutter kann man auch bei Veterinärmedizinern oder auch bei der Landwirtschaftskammer in Erfahrung bringen. Im Handel gibt es eine Vielzahl hervorragender Mineralfutter- und Kraftfutter-Mischungen. Diese kann man wunderbar mit fertigen Mash-Mixturen und Kräuterkompositionen ergänzen. So steht für jedes Pferd und für jedes Leistungsprofil das richtige Futter zur Verfügung und Ihr Pferd ist immer gut mit allen Nährstoffen, Vitaminen und Spurenelementen versorgt. Für den Spaß am Futter sorgt dann der aus der Hand gefütterte Karotte oder ein leckerer Apfel.

Pferdefutter - die Futterarten

Jedes Pferd sollte eine gute Bemuskelung haben, möglichst gesund sein und vital und lauffreudig. Sollte dies nicht der Fall sein, kann das an der Ernährung liegen. Manchmal gibt es zu viel, zu wenig oder einfach ein unpassendes Futter für das jeweilige Tier. Auch eine Pferdefuttermittelergänzung für Pferde kann helfen, dass Wohlbefinden wieder her zu stellen und für ein Gleichgewicht innerhalb der Ernährung sorgen.

Die fünf folgenden Tipps raten Ihnen, worauf Sie bei der Ernährung Ihres Pferdes achten sollten.

1. DAS GRUNDFUTTER

Es besteht aus frischem Gras oder Heu. Die natürlichste Ernährung besteht darin, das Pferd tagsüber viele Stunden auf der Weide zu lassen, um sich selbst mit Gras und Kräutern ernähren zu können. Pferde wissen instinktiv, was ihnen gut tut. So fressen sie Brennnesseln zum Beispiel erst nach dem ersten Frost; dann verursachen diese keine Quaddeln mehr.

Im Winterhalbjahr, oder wenn das Pferd drinnen gehalten wird, wird Heu (getrocknetes Gras) gereicht. Eine Pferdefuttermittelergänzung ist vor allem dann notwendig, wenn das Pferd viel geritten und gearbeitet wird.

2. HÄCKSEL UND STROH

Die meisten Pferde nehmen auch gerne Häcksel zu sich. Dies ist eine Mischung aus Heu und Stroh und wird von vielen Tieren gern genommen. Sobald Stroh im Spiel ist, sollte dieses zuvor mit der Heugabel aufgeschüttet werden, um Staub hinaus zu befördern.

Als Futtermittelergänzung für Pferde ist auch Stroh denkbar. Obwohl Stroh meistens als Untergrund in den Boxen genutzt wird, wird es anteilig auch von den Pferden gefressen. Stroh besteht aus trockenen Halmen von ausgedroschenem Getreide.

3. KRAFTFUTTER

Vor allem im Winterhalbjahr, aber auch dann wenn das Pferd viel Bewegung hat, sollten sie ihm Kraftfutter reichen. Hafer ist besonders bekannt und enthält Fett, Eiweiß und Stärke.

Auch Gerste und Leinsamen sind beliebt, machen das Tier satt und spenden ihm gleichzeitig neue Energie. Leinsamen müssen vor der Fütterung jedoch gekocht und abgekühlt werden, um genießbar zu sein.

Eine Pferdefuttermittelergänzung durch gepresste Pellets oder ein Pferde-Müsli sind im Futterhandel zu bekommen und beliebte Nahrungsmittel für Pferde.

4. MINERALSTOFFE UND WASSER

Jedes Pferd sollte als Pferdefuttermittelergänzung Zugang zu einem Salzleckstein haben. Diese werden an den Weidezaun oder in der Box so montiert, dass das Pferd bequem daran lecken kann, um den wichtigen Mineralstoff aufnehmen zu können. Salz geht besonders beim Schwitzen verloren, muss aber auch sonst ausreichend im Körper vorhanden sein.

Die Pferde haben ein natürliches Gespür dafür, wann sie wie viel Salz lecken sollten.

Wasser sollte immer zur freien Verfügung bereit stehen. Ein ausgewachsenes Pferd trinkt um die 35 Liter Wasser am Tag.

5. Die Futtermenge pro Tag

Die Menge, die ein Tier benötigt, schwankt stark. Hier kommt es auf Alter und Größe des Tieres an aber auch darauf, wie viel es sich bewegt und ob es schnell Fett ansetzt oder von Natur aus schlank ist.

Ein normales Reitpferd benötigt im Durchschnitt 8 kg Heu und 2,5 kg Getreide. Das Futter sollte in zwei oder drei Portionen am Tag bereit gestellt werden.

Eine willkommene Pferdefuttermittelergänzung sind Obst und Gemüse wie Möhren, Kohlrabi, Äpfel oder Rüben.

Unterschätzt, übersehen, gefürchtet: die Mauke

Jedem Reiter und Pferdefreund jagt das Wort Mauke kalte Schauer über den Rücken, denn sie wird oft erst spät entdeckt und ist, wie die meisten Krankheiten, umso schwerer zu behandeln, je länger sie sich ausbreiten kann. Wenn man die frühen Symptome der Mauke jedoch erkennt und schnell reagiert ist sie eigentlich gut behandelbar.

DIE SYMPTOME DER MAUKE

Wohl jeder Pferdefreund kennt die grausigen Mauke-Bilder von verhornten, nässenden, verkrusteten Pferdebeinen, die den Pferden schlimme Schmerzen bereiten und eine Heilung praktisch ausschließen. Was man da zu sehen bekommt ist allerdings erst das letzte und chronische Stadium der Mauke.

Erste Anzeichen sind kleine, unauffällige Rötungen an der Haut der Fessel. Meist beginnt die Mauke in der Fesselbeuge ihr schleichendes Werk, denn hier sammeln sich Feuchtigkeit und Schmutz am ehesten an. Als nächstes bilden sich aus den Rötungen kleine Knötchen, Blasen und Pusteln.

Optisch am ehesten vergleichbar mit den Krusten des Lippenherpes nässen die Knötchen und verkleben mit der abgegebenen Flüssigkeit das umgebende Fell.

Spätestens jetzt muss die Mauke dringend behandelt werden, ehe sie in das nächste Stadium übergeht. Bleibt Mauke unbehandelt verhornt die entzündete Haut mit der Zeit. Es bilden sich Risse und Verdickungen.

Die schuppige Haut trocknet oberflächlich ab und reisst, während sich die verantwortlichen Bakterien, welche für die Entzündung verantwortlich sind, in der Tiefe weiter vermehren. Kommt auch noch eine Infektion mit Fusobacterium Necrofori hinzu (dieser Keim ist normalerweise für die Strahlfäule verantwortlich und lebt anaerob, also ohne oder mit nur wenig Sauerstoff) entsteht die schwerste Form der Mauke, die sogenannte Brandmauke.

So weit darf es auf gar keinen Fall kommen, aber das muss wohl nicht erst erwähnt werden.

Ursachen der Mauke

Die bekanntesten Ursachen für Mauke ist ein schlechtes hygienisches Umfeld. Feuchte Matratzen, nasse Koppeln, Lachen aus Kot und Urin, überall hier vermehren sich Bakterien, Viren oder Pilze schnell und effektiv und können die empfindliche Fesselhaut befallen. Deshalb sollte man, egal ob das Pferd langen Kötenbehang hat oder nur wenig behaarte Fesseln, selbige unbedingt sauber und trocken halten. Wichtig ist außerdem, die empfindliche Fesselhaut nicht zu verletzen.

Also nicht mit der Drahtbüste an den Huf oder an den Hufrand gehen, sondern bei starker Verschmutzung lieber mit Wasser, Spezial-Shampoo und Wurzelbürste vorrücken und danach gut trocknen. Da die Mauke wie bereits erwähnt sowohl Bakterien als auch Viren oder Pilze als Ursache haben kann ist vor allem das „Ungemütlichmachen" für derlei kleine Schädlinge sinnvoll, dass diese sich gar nicht erst ansiedeln können.

So vielfältig die Ausprägungen und Stadien der Mauke, so unterschiedlich sind auch die Therapieansätze. Da diese Krankheit äußerst heimtückisch ist sollte man sich auch im Frühstadium nicht scheuen, den Tierarzt zu Rate zu ziehen.

Das A und O der Maukebehandlung ist Sauberkeit und Hygiene. Die Mauke-Stellen müssen, auch wenn sie nicht auf Bakterienbefall zurückzuführen sind, regelmäßig desinfiziert werden.

Ein gutes Desinfektionsmittel wirkt sowohl gegen Bakterien als auch gegen Viren und Pilze und ist das wichtigste Handwerkszeug im Kampf gegen die Mauke.

Wichtig:

Im Unterschied zu normalen Wunden, die unter ihrer schorfigen Kruste heilen, ist bei der Mauke das Gegenteil der Fall: Die Mauke-Krusten bedecken den Bakterienherd und schaffen für die Keime ein noch angenehmeres und vermehrungsfreundliches Klima. Daher müssen die Mauke-Krusten regelmäßig, am besten täglich, entfernt werden.

Die dadurch entstehenden offenen Wunden sollten so oft wie möglich desinfiziert werden. Hierfür hat sich beispielsweise die in der Apotheke erhältliche Dibromol-Lösung gut bewährt.

Tipp: kauft unbedingt die farblose Variante. Bei der gefärbten Version sieht man zwar besser, welche Stellen schon behandelt wurden, aber es ist eine unfassbare Sauerei mit dem braunen Zeug.

Da man sich bei der Verwendung von Dibromol zur Desinfektion sowieso das Motto „Viel hilft viel" zu Herzen nehmen sollte ist die Frage, ob die betreffende Stelle bereits behandelt wurde oder nicht hinfällig. Einfach großflächig und reichlich drauf mit dem Zeug.

Tipp: da auch der Pinsel ein Infektionsrisiko darstellt, wenn man die Desinfektionslösung mit dem Pinsel aufträgt, ist es ideal, die Lösung in eine Sprühflasche zu füllen. Man kann damit zwar nicht so punktgenau behandeln, kommt aber auch nicht mit der Flasche oder einem Pinsel mit den Keimen in Berührung und schmiert sie bei der nächsten Behandlung dann wieder in die Wunde. Falls Ihr einen Pinsel benutzt, dann wascht diesen bitte im Anschluss ans Auftragen nochmal ausgiebig mit Dibromol aus, drückt dann die überflüssige Flüssigkeit aus dem Pinsel und lasst ihn an einem gut belüfteten Ort gut austrocknen. Am besten verwendet Ihr mehrere Pinsel im Wechsel, dass die Pinsel immer gut trocken werden können. Oder eben satt sprühen, damit ist das Pinsel-Problem erledigt.

Wichtig:

Achtet darauf, dass beim Auftrag aus der Sprühflasche die Flüssigkeit auch wirklich bis auf die Haut dringt, also nicht nur oberflächlich aufs Fell sprühen, sondern alles schön durchweichen. Nur so dringt das Desinfektionsmittel wirklich bis zu den Maukeherden vor.

Nach der Desinfektion könnt Ihr die betroffenen Stellen mit einer Zinksalbe behandeln. Auch hier habe ich einen Tipp für Euch: Mirfulan-Salbe aus der Apotheke enthält sowohl Zink als auch Lebertran und versorgt die Haut mit allen nötigen Stoffen, um die Heilung zu beschleunigen. Die recht feste Salbe deckt die Wunden nach der Desinfektion ab und hält neue Keime fern. Zink sorgt dafür, dass die Wunden trocken bleiben, der Lebertran (Achtung: stinkt heftig nach Fisch, stört aber die Pferde nicht, jedenfalls nicht, dass ich irgendwas mitbekommen hätte, dass sich eines beschwert hat) lässt die Haut schneller heilen und macht sie geschmeidig.

Großartigerweise gibt es die Mirfulan-Salbe auch als Spray, so dass man auch hier sicher gehen kann, die Salbe nicht durch den Kontakt mit Mauke-Stellen mit Bakterien zu kontaminieren. Der Spray ist allerdings druckluftbetrieben und Ihr solltet testen, ob Euer Pferd das Geräusch gut aufnimmt oder eventuell in Panik gerät.

Wichtig: das Aufsprühen von Substanzen mit einer Sprühflasche, egal ob mit Druckluft oder mit Pumpmechanismus immer erst mit ausreichendem Abstand zum Pferd ausprobieren. Wenn Ihr die Mauke-Stellen behandelt seid Ihr nämlich viel zu nahe an den Beinen um im Nachhinein festzustellen, dass Euer Patient nervös oder gar panisch reagiert. Die beste Mauke-Behandlung macht nur halb so viel Freude, wenn man einen Hufabdruck im Gesicht davon trägt. Also bitte, bitte: immer erst ausprobieren, dann los legen.

Tipp:

sowohl bei Mirfulan, Dibromol als auch bei anderen Produkten und Medikamenten gilt: Wer sparen will vergleicht die Preise. Die Online-Apotheken haben oft deutlich günstigere Angebote als ihre Kollegen vor Ort. Außerdem müssen lokale Apotheken Mittel wie Dibromol häufig bestellen. Einen super Preisvergleich findet Ihr auf www.Tierapotheken.info. Schaut doch mal vorbei!

Übrigens wirkt sich auch **zu viel Hygiene negativ** auf die Wahrscheinlichkeit aus, dass ein Pferd Mauke bekommt.

Ständiges Waschen, Schrubben und Shampoonieren stört das empfindliche Gleichgewicht der Haut und öffnet damit die Pforten für ungebetene Gäste wie Viren, Bakterien und Pilze, vor allem, wenn man danach das Abtrocknen vernachlässigt.

Wer seinem Pferd häufig die Beine waschen muss oder will, darf auf gar keinen Fall vergessen, die Fesselbeugen zu trocknen.

Toll sind hier Microfaser-Handtücher, die ein Vielfaches ihres Gewichts an Feuchtigkeit aufnehmen können.

Wenn Euer Pferd ein besonders gelassener Vertreter seiner Art ist, könnt Ihr es ruhig auch mit einem Föhn probieren.

Aber Achtung: immer in Bewegung bleiben, nicht zu heiß und nicht zu nahe dran, sonst könnt Ihr die Haut verbrennen. Am besten immer eine Hand in der Nähe halten, dann merkt Ihr schnell, wenn's zu heiß wird.

Das Fuß-Föhnen beim Pferd ist allerdings wohl schon ein wenig übertrieben. Abrubbeln mit einem sauberen, frisch gewaschenen Handtuch und anschließendes Trockenführen sollte genügen. ;)

Gibt es Pferde oder Pferderassen, die besonders häufig mit Mauke zu kämpfen haben?

Leider muss man diese Frage mit einem klaren „ja" beantworten. Vor allem sehr behaarte Rassen mit viel Kötenbehang (Stichwort „Puschelfuß") sind deutlich häufiger von Mauke oder Milben betroffen als ihre Artgenossen mit kurzem Fußfell.
Warum?

Ganz einfach: die schönen, langen Haare, die meist vom Vorderfußwurzelgelenk bzw. Sprunggelenk bis weit über die Hufe reichen sind absolute Schmutz- und Feuchtigkeitsfänger. Wer schon mal einen Tinker mit hellen Beinen auf einer Winterkoppel gesehen hat weiß, was ich meine.

Was bei dunklen Beinen oder Rassen mit generell dunklem Fell durch die Farbe verborgen bleibt tritt bei Schimmeln, Schecken und allen, die eben helles Fell an den Beinen tragen gnadenlos zu Tage: Die Beine sind oft gelb oder gar braun verfärbt von Urin- und Kotresten, die in den Haaren kleben. Kein Wunder fühlen sich in diesem Fell Bakterien, Viren und Pilze wohl und können sich ungehindert vermehren.

Vor allem alte Rassen wie Friesen, Kaltblutrassen (z.B. Belgisches Kaltblut, oder manche Ponies haben langen, dichten Fesselbehang und sind für Mauke prädestiniert. Vor allem bei diesen Rassen sollte man die Fesselbeugen regelmäßig, also mindestens einmal die Woche, nach Rötungen absuchen. Dabei unbedingt die Haare richtig auseinander ziehen.

Bei dunklem Fell und dunkler Haut mit einer Taschenlampe nachleuchten, denn die ersten Anzeichen sind hier schwer zu erkennen. Glücklicherweise – oder leider, je nachdem – sind Pferde mit dunklem Kötenbehang aufgrund der darunter liegenden pigmentierten und damit widerstandsfähigeren Haut etwas weniger Mauke-gefährdet als solche mit hellem Behang, in dem die Mauke leichter zu identifizieren ist.

Im Anfangsstadium reicht meist die Behandlung mit einer Wundsalbe. Diese kann natürlich auch homöopathisch sein, beispielsweise eine Arnika- oder Hamamelis-Salbe.

Homöopatisch hat es sich bewährt, mit Mitteln zur Unterstützung der „Entsorgungs-Organe" wie Leber und Nieren zu arbeiten.

Wichtig bei der Auswahl homöopathischer Mittel sind vor allem die Begleitsymptome. Ist die Haut warm, kühl, feucht...? Ist das Pferd ruhig, entspannt, aufgedreht, nervös...? Und so weiter. Eine gute homöopathische Befundung verlangt nach viel Fingerspitzengefühl und einem wirklich guten Tierarzt oder Tierheilpraktiker mit Erfahrung im Bereich der Homöopathie. Dennoch kann man auch als interessierter Laie einige Verbesserungen erreichen.

Für Mauke eignen sich, je nach Begleitsymptom, folgende Mittel: Cantharis, Berberis, Graphites, Sulfur und Thuja. Bevor Ihr Euch für eines oder mehrere der Mittel entscheidet, lest bitte unbedingt die Arzneimittel-Beschreibungen durch, um genau das Richtige Mittel für Euer Pferd herauszufinden. Glücklicherweise kann man, wenn man das falsche Mittel wählt, nicht viel falsch machen, nur wirkt es dann eben auch nicht.

Bitte denkt auch daran, dass es für homöopathische „Behandlungen" bzw. deren Wirksamkeit absolut keine wissenschaftliche Grundlage oder Beweise gibt. Hier ist also eher die Hoffnung die Mutter der Handlung und naja, vielleicht hilft es ja. Solange es nicht schadet, wieso nicht.
Allerdings solltet Ihr JEDE Behandlung, die Ihr parallel zu der des Tierarztes durchführt, mit diesem Absprechen, um sicher zu gehen, dass sich nicht doch irgendwas widerspricht oder in der Wirkung aufhebt. Sonst zahlt Ihr am Ende doppelt und dem Tier ist nicht geholfen.

Pferdefütterung aber richtig – Thema Zusatzfutter

Pferde müssen heute viel leisten und genauso viel aushalten. Als Herdentiere stehen sie oft stundenlang in eigentlich zu kleinen Boxen, werden dann spontan auf der Koppel mit anderen Pferden vergesellschaftet, sollen Turniere und Ausritte bei Verkehrslärm meistern und dabei immer gesund und gelassen sein. Doch all das bedeutet puren Stress für die Tiere. Bei den meisten Pferden treten Anzeichen für Alltagsstress meist zunächst bei der Verdauung zu Tage. Koliken, Magenprobleme, Durchfall, übermäßige Blähungen, Kotwasser oder (selten) Verstopfung sind Anzeichen für ernsthafte Erkrankungen, die häufig durch Stress entstehen.

Der Stress an sich lässt sich beim heutigen Anforderungs- und Haltungsprofil des Pferdes meist nicht gänzlich abschaffen, auch wenn es ratsam ist, extrem empfindliche und sensible Pferde lieber nicht mit Turnierstress und ständigen Reisen zu belasten, aber man kann durch die richtige Fütterung einiges zur Gesunderhaltung seines Freizeitpartners beitragen.

ZUSATZFUTTER ALS GESUNDHEITSASPEKT

Was Zusatzfutter angeht scheiden sich, wie bei allen Themen der Tierernährung, die Geister.

Die Einen plädieren für streng naturnahe Ernährung und würden ihr Pferd am liebsten den ganzen Tag durch die Steppe schicken, wieder andere verbringen ihren Abend damit, Futterzusammensetzungen und Vitaminanteile auszurechnen, dass der geliebte Einhufer das perfekte Mischungsverhältnis im Futter vorfindet.

Beide Extreme sind wohl übertrieben, denn heute muss man sich eigentlich keine großen Gedanken mehr um die Frage machen, welche Bestandteile in wieviel Milligramm im Futter enthalten sind. Kraft- und Raufuttergaben sind sowieso auf die energetischen Bedürfnisse und den Tagesablauf des Pferdes abgestimmt.

Beides ist keine Zauberei, denn der Bedarf an Kraftfutter lässt sich einfach aus dem Gewicht und dem Aktivitätslevel des Pferdes errechnen, Raufutter sollte sowieso nach Möglichkeit ständig zur Verfügung stehen.

Der Bedarf an Vitaminen, Mineralien und Spurenelementen lässt sich einfach, kostengünstig und effektiv mit einem speziellen Müsligemisch decken, das man als Ergänzung zur Grundfutterversorgung anbietet.

Die Müslimischungen sind bereits perfekt kombiniert und werden von den meisten Pferden sehr gerne genommen.

Damit ist der Sportpartner rundum gut versorgt und ein wichtiger Faktor, der bei der Stressminimierung hilft, kann abgehakt werden, nämlich die Versorgung mit Vitaminen, Mineralien und Spurenelementen.

UND WELCHES MÜSLI IST DAS RICHTIGE?

Im Handel wird eine Vielzahl fertiger Müsli-Mischungen angeboten und als Reiter wird man vom Angebot geradezu erschlagen. Einige Punkte sind jedoch wichtiger als andere und können bei der Auswahl des perfekten Müsli-Zusatzfutters hilfreich sein.

- o nicht zu viel Eiweiß.

  Sowohl im Kraftfutter als auch im Gras (Weidegang) ist reichlich Eiweiß enthalten. Zusatzfutter sollten deshalb wenig eiweißlastig sein, sonst droht im Extremfall Hufrehe.

o   Möglichst staubfrei. Pferde neigen, wie wir alle wissen, zu Atemwegserkrankungen und Allergien. Staub ist daher auch beim gesunden Pferd so weit es geht zu vermeiden, denn wir wollen ja keine schlafenden Hunde wecken.

Tipp: „Melassierung" heißt nichts anderes als dass dem Zusatzfutter geringe Mengen Melasse beigefügt wurden und man die Bestandteile des Futters mit einer dünnen Melasse-Schicht überzogen hat. Damit kann es auch nicht stauben.

o   Haferfrei. Heute neigen immer mehr Pferde zu negativen Reaktionen auf Hafer. Ohne Hafer keine Allergie.

o   Wenn möglich wählt ein Zusatzfutter mit Kräuterzusatz. Pferde sind Leckermäulchen und wissen den Geschmack frischer, aromatischer Kräuter sehr zu schätzen.

Gras am Wegesrand - fragwürdiger Snack zwischendurch

Jeder Reiter kennt (und hasst) es: Kaum hat man mit dem Pferd den vertrauten Stall verlassen, schon versuchen die Burschen (und Mädels) allerlei Grünzeug zu erhaschen, sei es von in den Weg hängenden Bäumen oder auch ganz frech mit gesenktem Kopf am Straßenrand.

Offenbar ist das Gras in Nachbars Garten oder in diesem Fall wohl eher außerhalb heimischer Gefilde tatsächlich grüner als daheim. Viele Reiter lassen ihr Pferd gewähren, denn so ein paar Grasbüschel oder frische Zweiglein werden dem Ross schon nicht schaden. Wirklich nicht? Vielleicht sollte man einige Punkte bedenken:

GIFTPFLANZEN

Ja, die gibt es überall und welchem Reiter und Pferdebesitzer graust es nicht vor dem gefürchteten Johanniskraut, das sich zunehmend auf unseren Wiesen und Koppeln breit macht und schwere bis tödliche Vergiftungen zur Folge hat?

Nur sind am Wegesrand auch einige Giftpflanzen zu finden, die weder Reiter noch Pferd sofort als solche ausmachen, z.B. weil sie nicht zur heimischen Flora gehören.

Ein weit verbreitetes Beispiel ist der Goldregen, ein wunderschöner und sehr tödlicher Zierbaum, der in vielen Gärten gepflegt wird. Ein weniger auffälliges, aber nicht weniger gefährliches Beispiel ist der Stechapfel.

Die Liste ist lang und Pferd und Reiter meist unwissend.

DÜNGEMITTEL UND PFLANZENSCHUTZMITTEL

Häufig werden Pflanzen, sowohl Zier- als auch Nutzpflanzen mit vielerlei Düngemitteln oder Pflanzenschutzmitteln behandelt. Was den Pflanzen helfen soll bzw. Insekten und Schädlinge abhalten, ist für den empfindlichen Verdauungstrakt unserer Pferde buchstäblich Gift.

Die Vergiftungserscheinungen können von leichten Magen-Darm-Problemen oder neurologischen Ausfällen (also Nerven- und Gehirnprobleme) bis hin zu ernsthalften Koliken, Krämpfen und sogar bis zum Tode reichen.

Das sollte der leckerste Grasbüschel nicht wert sein.

STREUSALZ, GUMMIABRIEB, BENZIN UND ÖL

Am Straßenrand lauern noch ganz andere Gefahren, die man sich erst bewusst machen muss, um sie zu erkennen. Im Winter ist das Gras auf dem Grünstreifen mit Streusalz verunreinigt. Hierbei handelt es sich nicht um normales Salz wie im Salzleckstein vorhanden, sondern um Kaliumchlorid.

Die vermehrte Aufnahme von Kaliumchlorid kann zu Muskelkrämpfen, Herzrythmusstörungen, Durchfällen und sogar zum spontanen Herztod führen.

Eine weitere Gefahrenquelle des „leckeren" Grünstreifen-Grases sind Rückstände, die unsere Autos so am Straßenrand hinterlassen wie Gummiabrieb der Reifen, Feinstaub aus dem Dieselmotor, Öl- und Benzinrückstände durch Undichtigkeiten oder schlicht durch Verbrauch. Alle diese Stoffe haben nichts, aber auch gar nichts im Pferd zu tun und machen nur eines: krank!

Deshalb der Appell: bitte niemals, unter keinen Umständen das Fressen am Grünstreifen erlauben.

GEFÄHRDUNG VON PFERD UND REITER

Zu guter Letzt sei noch erwähnt, dass sich das Pferd mit gesenktem Kopf eindeutig der Kontrolle des Reiters entzieht. Da wir uns beim Ausritt naturgemäß im Gelände befinden ist schon allein der kurzzeitige Verlust der Möglichkeit, reiterlich auf das Pferd einzuwirken, eine ernste Gesundheitsgefahr sowohl für Pferd als auch für den Reiter.

Nicht zu vergessen, dass aufgrund des Pferde-Naturells auch eventuelle Mitreiter, deren Pferde gar nicht grasen, in Gefahr geraten.

Warum?

Ganz einfach: Pferde, die mit dem Kopf am Boden Gras naschen sind besonders aufmerksam, denn ein Pferd, dessen Kopf sich in Bodennähe befindet, ist potenziellen Gegnern und Angreifern nahezu schutzlos ausgeliefert.

Das schaltet also die Alarmglocken auf Bereitschaft und das Pferd erschrickt unter Umständen schon bei kleinen Geschehnissen, die ihm in normaler Haltung nicht mal ein Zuckendes Ohr entlockt hätten. Alle anderen Pferde orientieren sich aber an den anderen Herdenmitgliedern und wenn einer Hals über Kopf die Flucht ergreift, weil Karlheinz der Killer-Zweig sich im Augenwinkel bewegt, hat während das Pferd am Wegesrand grasen wollte, rennen alle hinterher.

Das Ergebnis: eine durchgegangene Pferde-Gruppe mit Reitern, die im besten Fall einiges zu tun haben, im schlechtesten Fall kommt es zu Stürzen oder Unfällen. Keine schöne Aussicht.

Deshalb sollte für alle gelten: gefressen wird auf der Koppel und im Stall, niemals bei der „Arbeit", also auf dem Ausritt. Hindern Sie also Ihr Pferd von Anfang an daran, am Wegesrand zu naschen, indem Sie es fleißig vorwärts treiben, laufende Pferde können nämlich nicht fressen ;-)

Im Maul Zerren hingegen hat wenig Aussicht auf Erfolg, denn so ein Pferdehals ist eine kräftige Angelegenheit und man glaubt gar nicht, was Pferde alles anstellen, wenn sie das leckerste der leckeren Gräser, das Verbotene, mal gekostet haben.

Wespen, die fliegende Gefahr!

Der goldene Herbst ist für uns Reiter und Pferdefreunde eine ganz besondere Zeit, denn wir können bei perfektem Altweibersommer-Wetter wunderbar ausreiten, die Sonne brennt nicht zu heiß, der Wind ist nicht zu kalt, der Himmel blau, die Temperatur genau richtig. Die Landschaft in bunten Herbstfarben, alle paar Meter ein leckerer Apfel am Wegesrand, die Lichtstimmung egal ob in den frühen Morgenstunden mit langsam schwindendem Nebel, nachmittags in gleißendem Gold oder abends in schwummrigem Blau ist perfekt für wunderschöne Fotos unserer vierbeinigen Freunde.

Leider ist diese wunderbare Jahreszeit nicht für alle Tiere so wunderbar, denn für die Wespen beginnt jetzt das große Sterben.
Das Nest ist aufgelöst, die Wespen fliegen „heimatlos" umher und versüßen sich selbst ihre letzten Lebenstage mit Süßigkeiten wie Kuchen auf Mutters Kaffeetisch oder eben Fallobst.

Auf ersteres haben Pferde nur wenig Zugriff, auf letzteres umso häufiger, denn die meisten Koppeln und Weiden haben einige Bäume, die den Tieren im Sommer herrlichen Schatten spenden und im Herbst saftige Früchte tragen.

Genau in diesem Fallobst sind sie nun zu finden, die Wespen, und das oft in wahren Heerscharen. Außerdem sind Wespen naturgegeben im Herbst instinktiv aggressiver und aufdringlicher als noch im Sommer.

Sie lassen sich meist nicht von ihrem leckeren Fallobst verjagen, nur weil jemand den Apfel, auf dem sie gerade sitzen, anstößt. Noch bevor Wespe oder Pferd gemerkt haben, was geschieht sind sie im Pferdemaul verschwunden und tun dort instinktiv das, was ihnen das Leben retten soll: sie stechen.

Im Gegensatz zu Bienen verlieren Wespen ihren Stachel nicht und können mehrmals zustechen. Das Gift verteilt sich auf mehrere Stiche. Klingt nach einem Vorteil, ist aber leider keiner, denn so kommt es zu großflächigeren Schwellungen im Zungen- und Halsbereich, die dem Pferd ernsthafte Probleme bereiten können.

Pferde ersticken übrigens an einem Stich im Maul nicht, denn sie können aufgrund ihres extrem langen Gaumensegels nicht durch das Maul atmen.

Sitzt der Stich jedoch weiter hinten, weil das Pferd den Apfel samt Wespe bereits verschluckt hat, kann bei einem Stich in eben dieses Gaumensegel und eine damit verbundene Schwellung sehr wohl Atemnot entstehen.

Und selbst wenn das recht unwahrscheinlich ist, ein Wespenstich ist nicht nur schmerzhaft sondern kann, bei einer vorliegenden Allergie gegen Insektenstiche, zum **anaphylaktischen Schock** führen.

Und auch wenn die Wespe gar nicht mit dem Apfel gefressen wird, sondern das Pferd beim Grasen den Apfel beschnuppert und die Wespe durch Schnauben stört kann ein Stich im Nasen- und Maulbereich gefährlich werden. Von einer in die Nüstern eingesogenen Wespe, die in die Atemwege sticht und damit für eine Schwellung mit Ersticken führt phantasiere ich hier nicht. Aber wer schon mal von einer Wespe gestochen wurde, weiß: das tut so richtig weh und das nicht nur kurz.

Deshalb solltet Ihr Eure Koppeln und Weiden vorsorglich von Fallobst befreien. Und das ist nur ein Grund der dafür spricht, Pferde erst auf eine von Fallobst befreite Koppel zu lassen. Schimmel, Koliken und Durchfall sind weitere Argumente (Siehe hierzu auch den Kapitel „Steinobst auf der Koppel – Gefahr fürs Pferd")

Herbstgrasmilben beim Pferd - ungefährlich aber lästig

Eine der Schattenseiten des Herbstes ist ganz klar ein winziger Lästling, der unseren vierbeinigen Freunden und auch uns das Leben schwer machen kann. Gemeint ist die sechsbeinige Larve der achtbeinigen Herbstgrasmilbe.

Warum ich die Sache mit den Beinen so betone? Nunja, weil es ja schon interessant ist, dass die Milbe mit ihren acht Beinen zu den Spinnentieren gehört, auch wenn ihre Larve nur 6 Beinchen hat.

Wie viel Beine auch immer, noch viel interessanter ist, dass die kleinen, widerlichen Viecher jetzt im Herbst die letzten Grashalme erklimmen und sich von dort aus bevorzugt auf die weiche Haut von Maul und Augen stürzen, sich dort in die Tiefe bohren und einen ekelhaften Juckreiz verursachen.

Anders als ihre entfernten Verwandten die Zecken (auch Spinnentiere) überträgt die Herbstgrasmilbe keine Krankheiten, jedenfalls wäre mir darüber bisher nichts bekannt.

Was sie jedoch verursacht ist ein schrecklicher Juckreiz und eine hässliche, orangerote bis rostfarbene Kruste. Die befallenen Tiere kratzen sich die befallenen Stellen oft auf, um dem extremen Juckreiz irgendwie entgegenzuwirken. Dass das nichts bringt muss ich wohl nicht noch erwähnen. Doch wie erkennt man, ob sein Pferd von Herbstgrasmilbenlarven befallen wurde?

ERKENNEN DES BEFALLS MIT HERBSTGRASMILBENLARVEN

Der Befall mit Herbstgrasmilben-Larven ist recht einfach zu erkennen, eben an besagten orangenen Krusten, meist um die Augen oder am Maul, häufig auch am Kronrand und in der Fesselbeuge, vor allem bei Pferden mit viel Kötenbehang.

Also bitte auch die Beine absuchen, vor allem wenn Euer Pferd plötzlich auffallend oft stampft oder mit den Hufen scharrt, ein Hinweis auf eventuell vorhandenen Juckreiz.

Anders als bei Hunden, die man schlicht von Tierwiesen und hohem Gras fern hält, kann man beim Pferd nur schlecht vorbeugen, denn die Herbstgrasmilbenlarven sitzen auf ihrem Essen.

Also einfach hoffen, dass das eigene Pferd verschont bleibt und bei bekannter „Verseuchung" der Koppel nach Möglichkeit eine andere aussuchen.

Therapeutisch kann man vor allem die Symptome lindern, indem man antiparasitische Shampoos benutzt (bitte NICHT an Maul und Auge!).

Im Gesicht solltet Ihr den Tierarzt fragen, der Euch vielleicht eine Salbe geben kann, die Ihr an Auge und Maul anwenden könnt und die den Juckreiz lindert, bis der Spuk vorbei ist.

Die gute Nachricht ist, dass die Larven recht schnell reifen und den Wirt dann verlassen. Mit dem Auszug der lästigen „Untermieter" hört binnen kurzer Zeit auch der Juckreiz auf, die Wunden heilen zu und meist auch ohne Narben oder sonstige Probleme ab. Wenn Euer Pferd stark befallen ist oder sehr unter dem Juckreiz leidet solltet Ihr nicht zögern, den Tierarzt hinzu zu ziehe.

Gefährlich beim Grasmilbenbefall sind vor allem die Sekundärinfektionen, wenn das Pferd sich aufscheuert oder aufbeißt und sich diese Wunden entzünden oder von Keimen befallen werden. Also besser gleich den Juckreiz lindern als nachher Wunden pflegen.

Thema: Pferdefütterung

Eine gesunde und nährstoffreiche Pferdeernährung hängt in erster Linie mit einer vielseitigen Ernährung zusammen. Das Futter sollte dabei in bekömmlichen Portionen verabreicht werden. Pferde sind Pflanzenfresser, die sich vornehmlich von Gras und Heu ernähren. Damit sollte ein Stall immer mit ausreichend Stroh und Heu ausgefüllt sein. Diese Form des Futters wird auch Raufutter genannt.

DIE GRUNDLAGE EINER GUTEN ERNÄHRUNG

Pferdefuttermittelergänzungen werden vornehmlich mit einem Kraftfutter vorgenommen. Dies muss unbedingt zu den individuellen Bedürfnissen des jeweiligen Pferdes passen. Dazu gehören Zutaten wie Hafer und auch Gerste.

Sie sind sowohl als Einzelfutter zu bekommen als auch als Futtermischung. Eingesetzt werden kann dieses Futtermittel bei allen Rassen. Die Menge des Kraftfutters wird allerdings durch sein Alter, seine Belastung und seine Rasse bestimmt.

Auch beim Einsatz des Pferdes im sportlichen Bereich muss je nach Leistung eine größere Menge verabreicht werden. Das Kraftfutter kann sowohl in ganzen Körnern als auch als Pellets gekauft werden. Eine Vorbehandlung des Kraftfutters führt dazu, dass die Verdauung des Pferdes weniger leisten muss. Deshalb sollte unbedingt wenig vorbehandeltes Futter gewählt werden, um den Verdauungstrakt anzuregen.

RICHTIGE KOMBINATIONEN

Die Ergänzung zu den bisherigen Futterarten ist das sogenannte Saftfutter. Darunter fallen frisches Gras sowie Möhren und Äpfel. Insbesondere in den Frühlingsmonaten sollte dieses verstärkt verabreicht werden. Dennoch ist auch Vorsicht geboten, denn ein Zuviel an frischem Gras kann zu schmerzhaften Koliken führen. Auch Durchfall und Hufrehe folgen aus einem zu hohen Konsum. Der Magen der Tiere muss sich erst wieder an den Konsum gewöhnen.

Das Mineralfutter gehört ebenfalls zu den Pferdefuttermittelergänzungen, die alle notwendigen Nährstoffe enthalten. Es ergänzt in erster Linie die Heu- oder Grasfütterung.

Es ergänzt zudem alle fehlenden Nährstoffe, die auch durch eine Kraftfutterergänzung nicht ersetzt werden können. Zudem ist ein Salzleckstein für ein Pferd ein absolutes Muss in einem Stall.

Das Mineralfutter bringt die wichtigen Nährstoffe Kalzium, Selen und Phosphat in die Ernährung mit ein.

Die richtige Ernährung eines Pferdes trägt erheblich zu seiner Gesundheit und seiner Leisungsfähigkeit bei. Jeder Besitzer eines Pferdes sollte deshalb eine ausgewogene Zusammensetzung des Pferdefutters auswählen und nach bester Kenntnis füttern. Nur so kann dem Pferd die optimale Pferdefütterung zukommen.

Mineralstoffe für Pferde

Zum Thema Pferdefutter gibt es zahllose Informationen, Leitlinien und Richtwerte. Manche Ernährungsprinzipien sind streng wissenschaftlich, andere eher nicht.

Eines jedoch haben alle Ansätze zum Thema Pferdefütterung gemeinsam, nämlich die (sehr richtige) Überzeugung, dass die Ernährung des Pferdes für dessen Gesundheit und seine Leistungsfähigkeit von überdurchschnittlicher Bedeutung ist.

In diesem Kapitel wollen wir uns mit dem Thema „Mineralstoffe" befassen.

Pferde haben vor allem aufgrund ihres Wärmehaushalts, den sie mittels Schweißes regeln, einen hohen Bedarf an verschiedenen Mineralstoffen. Diese werden beim Schwitzen mit dem Schweiß abgesondert.

Das kann man sogar mit bloßem Auge sehen, wenn der Schweiß fest trocknet und sich im Fell weiße Ablagerungen zeigen (natürlich nicht zu verwechseln mit den hellen Schmutzrändern, die nach einem anstrengenden Ritt am Rand der Sattelunterlage entstehen).

Für Pferde von entscheidender Bedeutung sind vor allem Calcium, Magnesium, Phosphor, Kalium, Natrium und Chlorid. Die meisten Fertigfutter wie Pellets oder Müsli enthalten bereits eine ausgewogene Mischung an Mineralstoffen, die, je nach Art des Futters, auf den jeweiligen Bedarf abgestimmt sind.

Im Handel sind sogar rassenspezifische Futtermischungen erhältlich, die zusätzlich zum Mineralstoffbedarf auch noch andere Eckpunkte der Ernährung wie Energiebedarf oder Vitaminanteil berücksichtigen.

Wer ganz sicher gehen will und sich mit dem Thema Ernährung und Futterergänzungsmittel eingehender beschäftigt wird sicherlich gerne selbst Hand anlegen wollen und die Mineralstoff-Mischung seines Pferdes selbst auswählen wollen.

Hierfür gibt es passende Kräutermischungen oder Mineralstoff-Pulver.

Ein wichtiger Punkt ist hierbei die sogenannte Bioverfügbarkeit der enthaltenen Mineralstoffe. Je nachdem, an welchen „Trägerstoff" das Mineral gebunden ist, kann es vom Pferd besser oder schlechter aufgenommen werden. Hochwertige Produkte haben hierbei meist eine bessere Bioverfügbarkeit als billigere und man kommt am Ende mit dem teureren Produkt günstiger weg, einfach weil man nicht so viel davon braucht.

Unterschieden wird zwischen anorganischen und organischen Mineralstoffen. Die organischen sind heutzutage in aller Munde, wobei die anorganischen je nach Mineralstoff sogar besser verwertet werden können. Anorganisch heißt nicht gleichzeitig auch schlecht, denn auf die Mischung und die Dosis kommt es an.

Kalzium beispielsweise ist sehr gut verwertbar und der Pferdebesitzer kann mit gutem Gewissen zum anorganischen (und damit billigeren) Produkt greifen.

Ein sehr wichtiger, leider viel zu häufig vergessener, Gesichtspunkt ist, dass Pferde jederzeit Zugang zu ausreichend **Wasser** brauchen.

Das gilt natürlich auch für Pferde ohne zusätzliches Mineralfutter, für diese jedoch besonders, denn Mineralstoffe sind Salze und Salze machen durstig. Stellt Euch vor, Ihr esst eine ganze Tüte Kartoffelchips und merkt dann erst, dass nichts zu trinken da ist. ;-)

Mauke behandeln - Grundlagen

Mauke war und ist ein Thema, bei dem Reiter und Pferdefreunde hellhörig werden. Vor allem die Halter von Kaltblut- und anderen schweren Pferden mit viel Fesselbehang können häufig ein Lied von den entzündeten Krusten an der Fesselhaut ihrer Schützlinge singen. Jahrelang wurde der dichte Fesselbehang von häufig befallenen Rassen wie Tinker oder Friesen für das Auftreten der Mauke verantwortlich gemacht. Neueren Erkenntnissen zu Folge entsteht Mauke vor allem bei zu viel von Kraftfutter. Das Überangebot an Energie benötigt zur Verstoffwechslung erhebliche Mengen an Mineranstoffen. So entsteht ein relativer Mineralstoffmangel, das heißt, obwohl das Pferd eigentlich genügend Mineralstoffe zu sich nimmt verbraucht es mehr. Es kommt zum Mangel. Besser wäre es, dem Pferd mehr Rauhfutter anzubieten und dieses durch ein passendes Mineralfutter zu ergänzen, denn selbst aktive Freizeitpferde brauchen meist deutlich weniger Kraftfutter als ihnen aufgetischt wird. So weit zur Theorie.

Was aber kann man machen, wenn das Pferd bereits an Mauke erkrankt ist?

Hier kommen wieder alte Bekannte zu Tage, wie beispielsweise der Hinweis, das Pferd nicht auf nassem Boden oder in tiefem Schlamm stehen zu lassen. Der Grund hierfür ist denkbar einfach: die sowieso schon geschädigte Haut wird zusätzlich belastet, Keime können durch die aufgeweichte Oberfläche viel leichter eindringen. Die sowieso schon vorhandene Entzündung bedingt außerdem eine lokal verschlechterte Immunlage, die Bakterien, Pilzen und Viren leichtes Spiel macht. So verschlimmert sich das anfangs nur als leichte Hautreizung erscheinende Krankheitsbild der Mauke zusehends.

Wichtig ist also, die Fesselregion des erkrankten Pferdes sauber und trocken zu halten. Um die Heilung zu beschleunigen kann und sollte man die erkrankte Haut unterstützen.

Vor der Behandlung sollte die Fesselregion gereinigt werden. Am besten verwendet man hierzu Kernseife oder ein spezielles Shampoo, jedoch sollte man auch bei Maukebefall die empfindliche Fesselhaut nicht überpflegen.

Das heißt, zu viel Waschen ist genauso schädlich wie gar nicht waschen. Als Richtlinie: nicht häufiger als alle 2 Wochen waschen und auf jeden Fall alle Seifenreste abspülen, denn diese reizen, wenn sie nicht ausreichend entfernt werden, die entzündete Haut erst recht. Hat man die Fesseln gereinigt und getrocknet sollte man die erkrankten Hautstellen mit einem geeigneten Mittel bedecken.

Die Behandlung der Mauke mit einem desinfizierenden Spray wie beispielsweise dem Hautspray von ProntoCare Vet "EquinoLine" hat sich bewährt. Das Spray ist als Gel gehalten und haftet dadurch länger auf den betroffenen Regionen als es eine flüssige Lösung könnte, so kann man Mauke behandeln ohne ständig mit der Sprayflasche hinter dem Pferd zu stehen ;-).

Übrigens: Mauke-stellen bleiben immer offen, also bitte keine Experimente mit irgendwelchen Verbänden oder Umschlägen. Wichtig ist, dass die Haut atmen kann, also Luft an die Haut kommt. Nur so kann die befallene Haut abheilen, denn Verbände stauen Wärme und Feuchtigkeit, die wiederum das Bakterienwachstum fördern.

Trockene oder spröde Hufe - erkennen und behandeln

Schon unsere Vorfahren wussten: Ohne Huf kein Pferd! Diesen uralten Spruch kennt wohl jeder Reiter, denn er enthält über die offensichtliche Logik hinaus die pure Wahrheit. Nur, was will uns diese Weisheit genau sagen? Richtig: Reiter, achte auf die Hufe, denn ohne gesunde Hufe geht gar nichts. Hufkrankheiten und ihre Folgen reichen von Lahmheit bis zum sogenannten Ausschuhen. Dabei löst sich das Hufhorn vom Hufbein.

Hierfür gibt es keine Behandlung und keine Therapie, das Pferd muss sofort euthanasiert werden. Keine Sorge, das ist sehr selten, doch auch vermeindlich weniger schlimme Folgen schlechter Hufpflege wie die normale Lahmheit sind für das Pferd (und für unseren Geldbeutel ;-)) sehr schmerzhaft.

Dabei kann man mit wenig Aufwand die Hufe seines Pferdes ganz einfach gesund halten. Zunächst mal sollte man feststellen, wie das Hufhorn des jeweiligen Tieres generell beschaffen ist. Ist das Horn trocken und spröde, neigt es eventuell sogar zu Rissen? Oder ist es eher weich und feucht mit einer Neigung zu Bakterienbefall und Fäulnis?

Generell kann man Hufprobleme, wenn man erst mal erkannt hat, um was für ein Problem es sich handelt, sehr gut mit handelsüblichen Mitteln, sowohl innerlich als auch äußerlich, behandeln. Vorausgesetzt natürlich, das Problem ist noch im Anfangsstadium. Besser ist es natürlich, wie bei allen Sachen, vorzubeugen.

TROCKENE HUFE ERKENNEN

Trockene Hufe haben oft kleine Risschen am Tragrand. Auch an der Sohle können Risse vorkommen und der Strahl sieht oft aus wie eine Wüste nach monatelanger Trockenheit. Eventuell können sich sogar kleine Teile des Strahls beim Hufe auskratzen ablösen oder abstehen.

Trockene Hufe brauchen Feuchtigkeit. Was einfach klingt ist gar nicht so leicht, denn wie bekommt man diese in den Huf? Glücklicherweise bietet der Handel eine große Anzahl an passenden Salben, mit denen man die trockenen Hufe pflegen kann.

Wichtig ist hierbei, dass man auf gar keinen Fall fettige oder ölhaltige Salben benutzt, denn diese schließen zwar vorhandene Feuchtigkeit in den Huf ein, lassen aber andererseits keine neue Feuchtigkeit durch. Das heißt, der Huf bleibt wie er ist - trocken.

Besser ist es, den Huf 1-2 Mal die Woche zu wässern, das heißt, das Pferd für einige Zeit (Max. 10 Minuten) ins Wasser zu stellen.

Ein schöner Ausritt über taufeuchte Wiesen oder durch einen Bach erfüllt den gleichen Zweck. Direkt nach dem Bad werden die Hufe nochmal gereinigt (ohne Seife, die trocknet nur weiter aus) und dann mit einem dickflüssigen Huffett oder mit Huföl eingefettet.

Das schließt die neue Feuchtigkeit im Huf ein und macht ihn über längere Zeit gesehen wieder elastischer. Bitte nicht zu lange einweichen und auch nicht übertreiben. Bei Hufproblemen gilt, wie für viele andere Pferde-Themen auch: Gut Ding will Weile haben.

WEICHE HUFE ERKENNEN

Ist das Hufhorn zu weich erkennt man das meist an eingedrückten Stellen auf der Sohle. Wenn das Pferd auf Kies gelaufen ist und die Sohle nachher aussieht als hätte sie einer Wurmfamilie als Labyrinth-Spielplatz gedient, dann ist das Hufhorn zu weich. Da weiche Hufe sowohl bei Barhufgängern problematisch sind als auch die Hufeisen nicht richtig halten sollte man die Ursache möglichst schnell finden und ihr entgegenwirken.

Meist sind zu weiche oder mürbe Hufe das Ergebnis von Mineralstoffmangel und / oder einer zu geringen Versorgung mit den richtigen Vitaminen. Extrem wichtig für gesunde Hufe (und auch für gesundes Fell) sind Bioton (Vitamin H) und Zink.

Gerade im Sommer, wenn Pferde schwitzen und dadurch viele Mineralien verloren gehen, sollte man mit einem guten Mineralfutter zufüttern. Das gilt übrigens für alle Pferde, nicht nur für die mit weichen Hufen.

Biotin und Zink kann man wunderbar zufüttern. Ergänzend werden die Hufe mit einer nahrhaften Hufsalbe eingecremt. Ausgedehnte Waschungen und Ausritte in extremer Feuchtigkeit sollten vermieden werden, denn das zu viel an Feuchtigkeit macht die Hufe weiter mürbe.

Um das Eindringen von zu viel Wasser auszuschließen kann man die Hufe auch vor dem Wasser-Vergnügen einfetten, dann bleibt das Wasser draußen und der Huf wird nicht durch zu viel Feuchtigkeit weiter geschädigt.

Am spröden Huf können sich nämlich, wenn er zu feucht wird,

Bakterien besonders leicht festsetzen und damit sind

Hufkrankheiten wie Strahlfäule Tür und Tor geöffnet.

Jakobskreuzkraut - das gelbe Gift auf der Weide und im Heu

Auf die Gefahren des Jakobskreuzkrautes, auch Jakobs-Greiskraut genannt, kann man gar nicht oft genug hinweisen. Vor allem die optische Ähnlichkeit zum gemeinen Huflattich und sogar zum Löwenzahn (zumindest wenn man nicht genau hinschaut) lässt trotz der Bekanntheit des Namens immer wieder Pferde an den schweren Vergiftungen, die das Jakobskreuzkraut auslöst, sterben. Schon relativ geringe Mengen können schwere Vergiftungserscheinungen nach sich ziehen.

Außerdem verliert das Jakobskreuzkraut seine Giftigkeit auch **nicht**, wenn es trocknet. Oft lauert die Gefahr also nicht auf der frischen Wiese, sondern ist im Heu versteckt.

Seinen Namen hat das Jakobskreuzkraut von seiner Hauptblütezeit, die um den 25ten Juli (der kirchliche „Jacobi"-Tag) liegt. Diese Zeit ist jedoch nur eine Näherung, denn das Jakobskreuzkraut beginnt mit seiner Blüte schon im Juni und kann bis weit in den September hinen Blütenstände ausbilden.

Außerdem ist die gesamte Pflanze hochgiftig, nicht nur die Blüten.

Die Pflanze besteht aus kleinen, gezackten Bodenblättern, die kreisförmig in einer Rosette von ca. 20 cm Durchmesser angeordnet sind. Daraus entspringt ein recht langer Blütenstengel, der auf der gesamten Länge immer wieder kleine Blättchen trägt.

Jeder Stengel teilt sich in mehrere Äste auf, die sodann die typischen gelben Blüten tragen.

Als Korbblüher (wie auch beispielsweise die Sonnenblume oder das Gänseblümchen) hat das Jakobskreuzkraut kleine, um den Blütenkelch angehordnete, schmale Blütenblättchen. Die Blüten sind komplett gelb und riechen nicht besonders.

Wichtig:

Das Jakobskreuzkraut ist auch für Menschen giftig. Die Ähnlichkeit der Blätter zum Ruccola-Salat sorgt jedes Jahr für Vergiftungen beim Menschen.

Sammeln Sie deshalb **niemals** Ruccola-Salat im Freien und kaufen Sie diese Salatart auch nur bei vertrauenswürdigen Gärtnern. Hochgiftig in allen Pflanzenteilen Die hohe Giftigkeit des Jakobskreuzkrauts ist durch das in der gesamten Pflanze enthaltenen leberschädigenden Pyrrolizidinalkaloide bedingt. Diese bleiben giftig, auch wenn die Pflanze getrocknet oder gekocht wurde. Der Gehalt an Gift ist in der Blüte etwa doppelt so hoch wie im Rest der Pflanze, jedoch ist auch die verringerte Giftmenge in den Blättern und Stengeln immer noch ausreichend, um schon bei geringem Konsum tödlich zu wirken. Die tödliche Dosis für Pferde wird von offiziellen Quellen zwischen 40 und 80g je Kilogramm Körpergewicht angegeben. Das klingt zuerst nach recht viel, jedoch nimmt ein Pferd beim Fressen unheimliche Mengen an Pflanzen binnen kurzer Zeit auf und so relativiert sich die Menge. Lassen Sie Ihr Pferd auf keinen Fall mit Jakobskreuzkraut verunreinigtes Futter fressen, egal ob frisch oder getrocknet.

Kurios: nicht für alle ist es giftig Interessanterweise scheinen verschiedene Nager wie Kaninchen, Meerschweinchen und Wüstenrennmäuse immun gegen die enthaltenen Giftstoffe zu sein, denn oral aufgenommenes Jakobskreuzkraut macht diesen Tieren nichts aus. Das bedeutet allerdings nicht, dass man sie damit füttern sollte.

Alle Jahre wieder: das Sommerekzem

Sommerekzem. Ein Wort, das Pferdefreunden einen kalten Schauer über den Rücken jagt. Bis heute sind sich Wissenschaftler nicht völlig sicher, ob das Sommerekzem zumindest teilweise erblich bedingt ist oder nicht.

URSACHE

Was jedoch fest steht ist, dass die Ursache bei einer Allergie gegen Speichel bestimmter Stechmücken liegt. Gnitzen, Kriebelmücken und Culex-Mücken hinterlassen bei jedem Stich kleine Mengen ihres Speichels in der Haut des Pferdes.

Es bilden sich juckende Pusteln, die zunächst aufgrund des Fells nicht weiter auffallen. Erst wenn das Pferd die Stellen scheuert und Haut und Fell die ersten Läsionen haben, fällt das Problem ins Auge.

Für das Auftreten der Allergie, die zum Sommerekzem führt, scheint außerdem die Ernährung eine entscheidende Rolle zu spielen. Überdurchschnittlich oft sind auffallend gut genährte Pferde betroffen. Das Sommerekzem gilt daher als „Wohlstandskrankheit".

HÄUFUNG BEI MANCHEN RASSEN

Grundsätzlich kann jedes Pferd oder Pony ein Sommerekzem bekommen, jedoch scheinen manche Rassen stärker betroffen zu sein als andere. So erkranken beispielsweise 3 von 4 importierten Isländern im ersten Jahr auf dem Festland.

Auch andere, eigentlich als Robustrassen bekannte Pferde wie Haflinger, Friesen, Tinker oder Norweger sind überdurchschnittlich oft betroffen.

Interessanterweise ist gleichzeitig mit steigender Anzahl der in artgerechter Offenstallhaltung gehaltenen Pferde auch die Häufigkeit der sogenannten „Ekzemer" angestiegen. Der Grund hierfür ist recht einfach: Pferde, die im Offenstall leben haben viel mehr Kontakt zu Stechmücken als solche, die im Stall stehen. Mehr Stiche, mehr Speichel, mehr Ekzem. Eine einfache, wenn auch wenig erfreuliche Gleichung.

SYMPTOME

Dieser Speichel löst den für das Sommerekzem so typischen extremen Juckreiz aus.

Damit beginnt der gefürchtete Kreislauf, bei dem die Pferde die betroffenen Stellen scheuern oder sogar aufknabbern, um dem Juckreiz irgendwie Herr zu werden.

Doch wir wissen von eigenen Mückenstichen, dass es nur umso mehr juckt, wenn man kratzt. Das ist bei Pferden nicht anders. Also scheuern die betroffenen Tiere sich so lange, bis durch die ständige Reibung das Haar ausfällt und die Stellen aufgekratzt sind.

Es bilden sich offene, manchmal sogar eitrige Stellen, die nur noch mehr Mücken anlocken. Somit verstärkt sich das Problem immer weiter.

Pferdekauf – Ekzemer auf den ersten Blick erkennen

Auffallend beim Ekzemer ist vor allem die Beeinträchtigung des Langhaars. Schweifrübenoberseite und Mähnenkamm sind bevorzugte Stichstellen und genau hier wird dann auch exzessiv gescheuert. Das Ergebnis ist meist eine (manchmal auch nur teilweise) kurze oder fehlende Mähne sowie ein dünner, schorfiger und kurzer Schweif. Diese Merkmale sind vor allem für den Pferdekauf wichtig, denn das Sommerekzem kann nur vermieden und gelindert, nicht jedoch geheilt werden.

Da betroffene Pferde aufgrund der gesteigerten Immunantwort immer auch leistungsvermindert sind sollte vor allem der sportlich orientierte Reiter auf Warnsignale und Anzeichen wie besagtes geschädigtes Langhaar achten.

Darüber hinaus gibt es einen Bluttest (FIT-Test der TiHo Hannover), der mit relativ hoher, wenn auch nicht 100%iger, Sicherheit das Vorhandensein bzw. die Neigung zu SE bestimmen kann. Beim Pferdekauf für den Sporteinsatz ist es also eine Überlegung wert, ob man diesen Test machen lässt.

Wie bei allen Erkrankungen gilt natürlich auch für das Sommerekzem: Vorbeugen ist besser als Heilen.

Man sollte also so gut es geht dafür sorgen, dass das Pferd so wenige Mückenstiche wie möglich abbekommt. Leichter gesagt als getan. Auf dem Markt gibt es sehr gute Fliegendecken, teilweise sogar mit Halsteil und Gesichtsschutz, die durchaus Sinn machen. Wichtig ist hier vor allem, dass die Decke gut an Ort und Stelle bleibt und z.B. beim Wälzen nicht verrutscht und das Pferd sich verletzen kann.

Außerdem sollte man zusätzlich auf ein gutes Repellent-Spray setzen, denn jede Mücke, die abgeschreckt wird und deshalb nicht sticht, ist eine gute Mücke.

Tipp

Für Pferde, die vor dem Spray-Geräusch zurückschrecken gibt es auch Repellents, die man mit dem Schwamm auf das Fell aufträgt.

Für vorhandene Ekzem-Stellen gibt es verschiedene Cremes, Lotionen und Salben, die vor allem den Juckreiz stillen sollen, die betroffenen Stellen desinfizieren und für schnelle Wundheilung sorgen.

Ölfütterung für Pferde - Energie ohne Reue

Wie bei allen Themen rund um's Pferd ist auch bei der Ölfütterung die erste Frage „Was will ich damit erreichen?"

Die Einsatzmöglichkeiten sind vielfältig, denn man kann mit etwas Öl im Pferdefutter beispielsweise das Fell zum Glänzen bringen oder eben auch ein abgemagertes oder ausgemergeltes Pferd, nach langer Krankheit, Trächtigkeit oder nach der Rettung aus schlechten Haltungsbedingungen wieder auffüttern. Das richtige Öl eignet sich hervorragend zur Ergänzung der täglichen Futterration von Pferden und lässt sich sowohl gemeinsam mit trockenem Kraftfutter als auch in Zubereitungen Mash leicht füttern.

Selbst bei schwerfuttrigen Pferden kann man schnell und wirkungsvoll eine Verbesserung des Allgemeinzustandes erreichen und den Schleckermäulchen lässt sich die tägliche Ölportion leicht zusammen mit dem Lieblingsfutter unterjubeln ;)

Um das Fell zum Funkeln zu bringen reichen wenige Eßlöffel Öl, das man einfach dem gewohnten Kraftfutter hinzu gibt. Hierfür eignet sich beispielsweise Sonnenblumenöl sehr gut, denn es ist günstig zu haben und wird gerne gefressen.

Der Energiegehalt von Öl ist je 100g etwa doppelt so hoch wie der von kohlehydrathaltigen Futtermitteln. Als Näherungswert sei erwähnt dass 0,3l Öl etwa genauso viel Energie liefern wie 1 Liter Hafer. Damit ist es natürlich auch super geeignet, um magere oder kranke Pferde mit Energie zu versorgen.

Auch Pferde, die sich, beispielsweise aufgrund einer Maulverletzung, mit der Futteraufnahme schwer tun können von Ölfütterung profitieren, denn wie gesagt, Öl ist energiereich. Außerdem ist es schmierig und „rutscht" gut runter.

Energie ja, Hufrehe nein

Der Energiebedarf von Pferden mit gesteigertem Energiebedarf (Sportpferde, kranke oder alte Pferde, tragende oder säugende Zuchtstuten, Deckhengste) kann mit der Zufütterung von hochwertigen Ölen leichter und vor allem eiweißarm gedeckt werden. Das minimiert das Risiko der Hufrehe, die ja bekanntlich durch ein Überangebot an Eiweiß ausgelöst werden kann.

Erleichterung bei Dämpfigkeit und Atemwegserkrankungen

Interessant ist auch eine Studie der Universität Wien, die nachweisen konnte, dass Atemwegserkrankungen mit der Zufütterung von Öl wirksam gemildert werden können. Besonders Fischöle mit ihrem hohen Gehalt an Omega 3 Fettsäuren konnten in der Studie bei 8 von 9 Pferden die Entzündungsstellen in den Atemwegen auf ein gesundes Maß senken.

Die Testgruppe, in welcher statt Fischöl Sonnenblumenöl verabreicht wurde, konnte kein derartiges Ergebnis vorweisen.

Nun werden sicher einige sagen „Fisch ins Pferd, das geht ja gar nicht, das sind doch Pflanzenfresser" - richtig, sind sie – aber wie sagt man so schön? Wer heilt hat recht. Einen höheren Gehalt an Omega 3 Fettsäuren findet man außer in Fischöl praktisch nirgends, also rein mit dem Zeug ins Pferd ;-)

LEINÖL UND SOMMEREKZEM

Spannend vor allem für die Besitzer eines Pferdes oder Ponies, das von Sommerekzem geplagt wird, ist eine Pilotstudie an 42 Sommerekzemern. In der Studie wurde kaltgepresstes Leinöl für Pferde gegeben. (Leider konnte ich hierfür keine Mengenangaben finden, wie viel den Pferden innerhalb der Studie verabreicht worden ist.)

Es zeigte sich schon nach 6 Wochen eine deutliche Verminderung der Entzündungen und die Pferde reagierten weniger stark auf die Stiche, die das Sommerekzem sonst auslösen.

Ein Cave at gibt es bei der Ölfütterung allerdings: man sollte, wenn man Öl zufüttert, immer ein Auge auf die Pferdeäpfel haben. Werden die schmierig oder verlieren ihre Form war's zu viel des Guten oder das Pferd verträgt das verwendete Öl nicht. In diesem Falle sollte einige Tage auf das Zufüttern von Ölen verzichtet werden. Danach mit kleineren Portionen fortfahren und weiter beobachten.

Kotwasser bei Pferden

Wenn die Verdauung verrücktspielt und das Kotwasser die Beine hinunter rinnt, ist das nicht nur für Pferde unangenehm. Gerade bei sehr niedrigen Temperaturen gefriert die Flüssigkeit auf der Haut, was natürlich sehr unangenehm ist. Viele Pferdebesitzer sind ratlos.

Auch wenn Kotwasser manchmal zunächst an Durchfall erinnert, ist es damit nicht vergleichbar. Das Pferd wird durch die unschöne Begebenheit auf den ersten Blick auch nicht beeinträchtigt. Dennoch sollten Sie den Ursachen auf den Grund gehen und der Problematik durch gezielte Maßnahmen entgegenwirken.

WAS IST KOTWASSER?

Es handelt sich um eine Verdauungsstörung, bei der dem Pferd vor oder nach dem Äpfeln eine braune, wasserähnliche Substanz die Beine hinunterläuft.

Die Pferdeäpfel haben jedoch eine normale Substanz, sodass es keinesfalls mit Durchfall vergleichbar ist. Vielmehr handelt es sich um nicht gebundenes Wasser, das lösliche Nährstoffe und freie Fettsäuren enthält.

Dass Kotwasser zu einer Unterversorgung mit Nährstoffen führt, ist eher selten der Fall, da die wichtigsten Speicher sehr groß sind. Bei Mutterstuten und Fohlen ist jedoch besondere Vorsicht geboten, da ein Mangel an Kalzium das Wachstum negativ beeinflussen kann.

Fohlen haben oft Kotwasser infolge von Magengeschwüren und sollten daher auf jeden Fall unter regelmäßiger tierärztlicher Aufsicht stehen.

Gehen Sie der Ursache auf den Grund

Die Ursachen für das Problem sind vielseitig und Sie sollten genau prüfen, was dazu geführt haben könnte. Psychische Belastungen und Stress, falsche Haltung, Übersäuerung, Fütterungsfehler oder Zahnprobleme: Kotwasser ist im Grunde genommen die Folge einer Störung der Darmflora und kann verschiedene Ursachen haben.

Stress ist ein wichtiger Faktor, weshalb Sie zuerst die Psyche und das Umfeld Ihres Pferdes betrachten sollten, sobald gesundheitliche Probleme auftreten.

Stellen Sie sich einige Fragen:

- Fühlt sich Ihr Pferd in der Box wohl?
- Wie kommt es mit den anderen Pferden zurecht?
- Erhält Ihr Pferd ausreichend Aufmerksamkeit?
- Zermahlt es die Nahrung ausreichend und sind die Zähne in Ordnung?
- Gab es einen Wurmbefall?
- War Ihr Pferd möglicherweise in medikamentöser Behandlung?
- Gerade Antibiotika stellen eine große Belastung für den Darm dar. Diese greifen häufig nicht nur Bakterien und Parasiten, sondern auch die Darmflora an.

Kotwasser kann jedoch auch entstehen, wenn dem Pferd im Winter, also nach der Weidezeit, Nährstoffe für eine gut funktionierende Verdauung fehlen. In mild-feuchten Wintermonaten haben viele Pferde Probleme mit der Verdauung.

Bei der Fütterung sollten Sie unbedingt auf qualitativ hochwertiges und ausreichend Heu achten. V iele Pferde haben Probleme mit Kraftfutter, da all die kohlenhydratreichen Anteile im Futter zu einer Übersäuerung und somit auch Gärungen im Darm führen können.

Sie sollten daher unbedingt die Futterzusammenstellung an die Leistungsanforderungen anpassen und nicht mehr Kraftfutter als nötig füttern.

Es ist außerdem ratsam, Silage vorerst völlig zu streichen, da die Problematik hierdurch nachweislich begünstigt werden kann. Hochwertiges Heu und ausreichend Wasser sollten dem Pferd allerdings jederzeit zur Verfügung stehen. Hierbei ist jedoch zu beachten, dass Zungentränken meist kurzfristig nicht ausreichend Wasser zur Verfügung stellen. Geben Sie dem Pferd lieber zusätzlich einen Eimer mit frischem Wasser in die Box. Es ist auch ratsam, Mineral- und Salzlecksteine vorerst zu beseitigen.

Äpfel und Möhren sollten Sie vorübergehend ebenfalls nur sparsam verfüttern. Wenn das Problem sehr hartnäckig ist, sollten Sie beim Einstreu auf Sägespäne umsteigen.

Stellen Sie Stroh nur in ausgezeichneter Qualität und sehr geringen Mengen zur Verfügung. Achten Sie unbedingt darauf, den Stall beim Auftreten von Kotwasser sehr häufig auszumisten.

Es ist hilfreich für den Tierarzt, wenn Sie sich täglich den Zustand des Pferdes und die Konsistenz des Kots notieren. Die Notizen können hilfreich für das weitere Vorgehen sein. Es gibt heutzutage viele Nahrungsergänzungsmittel, die bei Kotwasser zu einer erheblichen Verbesserung geführt haben. Kristallkraft hat sich oft bewährt und kann ohne Bedenken zum üblichen Futter gegeben werden.

Wenn Sie alle Faktoren überprüft haben und das Problem dennoch nicht nachlässt, sollten Sie dem Verdauungstrakt des Pferdes vermehrte Aufmerksamkeit schenken. Es ist unabdingbar, das natürliche Gleichgewicht der Darmflora wiederherzustellen. Hier kann eine natürliche Entgiftung mit einem hochwertigen Zusatzfutter eine gute Lösung sein. Kristallkraft oder Bentonit sind Futterergänzungen voller natürlicher Inhaltsstoffe. Schädliche Substanzen im Verdauungstrakt können gebunden werden, wodurch der Körper entsäuert und die Darmflora beruhigt wird. Der Nahrungszusatz hat zudem Schleim bildende Eigenschaften und legt eine Schutzschicht auf die Magen- und Darmwände. Auch der Darmflora-Aufbau wird durch die Gabe von Kristallkraft unterstützt.

Die Gesundheit Ihres Pferdes hängt von psychischen und physischen Faktoren ab. Nur wenn beides harmoniert, geht es dem Pferd gut.

Das Problem des Kotwassers bildet hier keine Ausnahme. Durch den Ausgleich fütterungsbedingter Mängel ist es möglich, die Funktion der gesunden Kotbildung wieder richtig herzustellen. Kristallkraft kann hierbei unterstützend wirken. Sie können es einfach unter das Basisfutter mischen, in Flüssigkeit auflösen oder pur füttern.

Wichtig: Bei Zusatzfuttermitteln, die Stoffe im Magen-Darm-Trakt binden sollen wie Bentonit oder Aktivkohle, muss vor der Gabe bei gleichzeitiger Verwendung anderer Medikamente abgeklärt werden, ob die Wirkung der Medikation beeinflusst wird.

Wenn nach etwa einer Woche noch keine merkliche Besserung eingetreten sein sollte, können Sie die Menge erhöhen. Hat sich jedoch auch innerhalb von zehn bis vierzehn Tagen nichts verändert, **ziehen Sie einen Tierarzt zurate**.

Mineralfutter – notwendig oder Geldverschwendung?

Mineralfutter-Mischungen gibt es fast so viele – oder vielleicht sogar mehr – als Pferderassen. Auch preislich ist für jeden was dabei, vom bodenständigen Billig-Mineralfutter bis zu hippen, meist recht auffallend verpackten Versionen die, naja, sagen wir mal nicht ganz so billig sind.

Der Sinn oder Unsinn von Mineralfuttern ist schnell ermittelt: Da Pferde, anders als beispielsweise Hunde oder Katzen, bei Betätigung und Hitze schwitzen, brauchen sie tatsächlich in den meisten Fällen ergänzende Mineralstoffe.

Der Grund hierfür ist jedem klar, der mal ein Pferd gesehen hat, das vorher verschwitzt war und dann abgetrocknet ist, ohne geputzt oder gewaschen zu werden. Es hat, zumindest bei dunklem Fell, deutliche helle Ränder auf dem Körper.

Dabei handelt es sich um Salze, also Mineralien, die mit dem Schweiß nach außen gelangt sind. Der Körper hat wichtige Stoffe mit dem Schweiß verloren, denn selbiger besteht nicht nur aus purem Wasser. Diese Stoffe müssen selbstverständlich aufgefüllt werden. Kennt Ihr von Euch selbst, wenn Ihr so richtig geschwitzt habt steht Euch die Lust eher nach Apfelsaft oder Isotonischem Getränk als nach purem Wasser. Der Grund ist auch bei Euch der Verlust an Salzen und Mineralstoffen beim Schwitzen.

Sportpferd oder Freizeitpony

Bevor jetzt jemand denkt „oh, mein Pferd schwitzt ja kaum, dann braucht es auch kein Mineralfutter": Falsch gedacht.

Zum einen schwitzen Pferde nicht nur, wenn sie klatschnass sind, sondern regulieren ihre Körperwärme auch durch kleine, wohldosierte Feuchtigkeitsmengen, die im Fell gar nicht auffallen, weil sie sofort verdunsten, zum Anderen gehen Mineralstoffe auch über andere Körperflüssigkeiten wie Speichel oder mit der Atemluft verloren oder sie werden schlicht im Stoffwechsel verbraucht, beispielsweise für die Gesunderhaltung von Zähnen, Hufen, Fell und Knochen.

Mineralfutter macht also sehr wohl Sinn.

Das übrigens nicht nur bei hart arbeitenden Pferden, sondern auch beim „normalen" Freizeitpferd, denn die Belastung, sowohl körperlich als auch psychisch, dieser Alltagspferde ist viel höher als man denkt. Ihr seht also, Mineralstoffe sind für Pferde jeder Haltungsform und jeder Betätigungsart wichtig.

Besonderer Augenmerk sollte hierbei auf eine ausreichende Kalzium- und Phosphor-Zufuhr gelegt werden.

Diese sind für gesunde Knochen lebenswichtig. Für schwer arbeitende Pferde spielt außerdem das Magnesium eine große Rolle, denn dieses Mineral ist für die Kontraktion, also das Zusammenziehen, der Muskeln von entscheidender Bedeutung.

Aber keine Angst: Ihr braucht kein Universitätsstudium, um Euer Pferd perfekt mit den richtigen Mineralstoffen versorgen zu können. Im Handel gibt es, wie bereits oben erwähnt, für jeden Bedarf und für jeden Geldbeutel Mineralfutter-Mischungen. Diese sind bereits im perfekten Verhältnis gemischt und Ihr könnt eigentlich nicht viel falsch machen. Worauf Ihr beim Wechsel auf ein neues Mineralfutter achten solltet ist, ob sich Kot oder Urin irgendwie verändern, die Farbe oder, beim Kot, die Konsistenz wechseln. Außerdem natürlich, ob das Pferd sich im Verhalten irgendwie ändert. Ist es aktiver, aufmerksamer oder eher schlapp

Tipp: Das Gesundheits- und Verhaltenstagebuch

Die Merkmale sind beim Futter meist nur fein und schwer zu erkennen, aber Ihr kennt Euer Pferd am besten und merkt sicher, wenn sich was verändert. Wenn Ihr Euch unsicher seid, dann führt ein kleines Beobachtungstagebuch. Einfach ein kleines Heftchen, in dem Ihr mit Datum jeden Tag kurz rein schreibt, was Ihr beobacht

Hier ein Beispiel:

14.SEPTEMBER

KOPPELGANG: OBERE KOPPEL, 6 STUNDEN, NICHT EINGEDECKT

URIN: NICHT BEOBACHTET (JA, DAS GIBT'S AUCH, DENN DER

„RICHTIGE MOMENT" IST JA NICHT IMMER, WENN MAN DABEI

STEHT ;-))

KOT: NORMALE ÄPFEL, GRÜNLICH

FELL: NORMAL

VERHALTEN: HEUTE ETWAS UNWILLIG, ANSONSTEN NORMAL

SONSTIGES: ---

16.SEPTEMBER

KOPPELGANG: OBERE KOPPEL, 6 STUNDEN, NICHT EINGEDECKT

URIN: NICHT BEOBACHTET

KOT: NORMALE ÄPFEL, GRÜNLICH

FELL: NORMAL

VERHALTEN: SEHR FLEISSIG HEUTE

SONSTIGES: BEGINN DER ROSSE

...und so weiter. Das war's schon. Diese kleinen Notizen machen nicht nur im Zeitrahmen von Futterwechseln Sinn, sondern generell immer, denn man merkt so viel früher und viel genauer, ob irgendwas nicht stimm. Außerdem kann man dem Tierarzt wichtige Hinweise geben, falls das Pferd ernsthaft erkranken sollte.

Gezieltes Training in der Rehabilitation eines Pferdes mit dem Aquatrainer

Im Leben eines Pferdes kann es zu Verletzungen kommen, die schwerwiegender sind und eine Behandlung und anschließende Rehabilitation erfordern. Zur Rehabilitation werden verschiedene Methoden angeboten, die natürlich auch von der Art der Erkrankung und Verletzung abhängen.

Eine Variante der Behandlung von Pferden im Rahmen der Rehabilitation ist der Aquatrainer.

Er wird bei verschiedenen Verletzungen eingesetzt und ist eine langfristige Methode, um die Mobilität wieder zu steigern, die Muskeln zu stärken und damit das Wohlbefinden des Tieres zu verbessern. Hier kommen Sie zur Seite von gut-anstelburg.de mit einem umfangreichen Angebot und jahrelanger Erfahrung im Bereich des Aquatrainers.

Das Einsatzgebiet des Aquatrainers ist so vielseitig, wie die möglichen Erkrankungen bei einem Pferd. Vor allem Verletzungen an Knochen und Sehnen sind ein mögliches Einsatzgebiet.

Dazu gehören Probleme am Rücken und der Wirbelsäule, Erkrankungen an Sehnen und Bändern, Verletzungen der Bandscheibe, Entzündungen der Gelenke und Knochenbrüche.

Durch eine falsche Beanspruchung können jedoch auch Verspannungen auftreten und Nerven blockieren. Außerdem kommt es auch bei Pferden im Alter manchmal zu schmerzhafter Arthrose und chronischen Phlegmonen. In all diesen Krankheitsfällen kann der Aquatrainer im Rahmen der Rehabilitation eingesetzt werden und dem Pferd auf schonende Weise wieder zu einer natürlichen und schmerzfreien Bewegung verhelfen.

Der Aquatrainer ist ein großes Wasserbecken, auf dessen Grund sich ein Laufband befindet. Eingeschaltet bringt dieses Laufband das Pferd zu einer schonenden Bewegung unter Wasser. Da Wasser einen natürlichen Auftrieb hat, entlastet es beim Training automatisch die Gelenke und Sehnen und reduziert das Eigengewicht des Pferdes als Wirkungsfaktor auf den Bewegungsapparat.

Um für das Pferd die Behandlung so angenehm wie möglich zu gestalten, wird mit einer abgeflachten Vorderfront dafür gesorgt, dass das Tier seine Umwelt immer im Blick hat. Auch die Trainer und Besitzer der darin befindlichen Pferde haben jederzeit beim Training ihren Schützling im Blick, denn Sichtfenster ermöglichen uneingeschränkte Sicht auf das Pferd.

Erkrankungen des Bewegungsapparats beim Pferd

Erkrankungen des Bewegungsapparats gehören zu den häufigsten Pferdeerkrankungen. Teilweise ist das Erkrankungsrisiko bereits durch genetische Anlagen erhöht. Hinzu kommen dann oft Fehler bei der Haltung, Ernährung, beim Sattel, dem Beritt und Hufbeschlag. Naturgemäß nehmen Erkrankungen des Bewegungsapparats mit dem Alter der Tiere zu.

DIE HÄUFIGSTEN PROBLEME DES BEWEGUNGSAPPARATS

Am häufigsten zeigen sich Erkrankungen wie Arthrose, Spat, Schale und Hufrollenentzündung.

Unter den Begriff Spat fallen akute und chronische Entzündungen von Knochen und Gelenken am Sprunggelenk.

Bei der Arthrose tritt ein Gelenkverschleiß ein, der mit sehr schmerzhaften akuten Schüben verbunden sein kann und chronischen Schmerzen bei jeder Belastung.

Bei der Schale ist die Knochenhaut schwer gereizt, was zu Wucherungen der Knochenhaut führen kann. Sie tritt meist am Fesselbein, Kronbein und Hufbein auf.

Die Hufrollenentzündung zeigt sich durch Degeneration im Hufrollenbereich. Betroffen sind somit die Beugesehne, der Hufrollenschleimbeutel und das Strahlbein.

Alle Erkrankungen des Bewegungsapparats sind hoch schmerzhaft, beeinträchtigen das Tier erheblich bei der Beweglichkeit.

Unbehandelt kommt es zu schweren Degenerationen, Versteifungen, gänzlicher Lahmheit einzelner Gliedmaßen, schweren Gelenkveränderungen. Bei schwerem, chronischem Verlauf können all diese Krankheiten dazu führen, dass das Tier getötet werden muss.

Rechtzeitige Vorbeugung und Behandlung sind ein unbedingtes Erfordernis.

URSACHEN

Abgesehen von genetischen Dispositionen sind Haltungs-, Reit- und Beschlagfehler die häufigsten Ursachen.

Begünstigend wirkt auf jeden Fall eine langzeitige Boxenhaltung.

Gesünder ist die Haltung in der Box mit Paddock oder der Offenstall.

Sättel sollten dem Pferd körpergerecht angepasst werden, der Beritt sollte entlastend gestaltet werden. Eine fachlich richtige Behufung ist unabdingbar.

Weitere Ursachen können auch Traumata nach Unfällen sein, Verletzungsfolgen und falsche Fütterung, zu starke Gewichtszunahme der Tiere.

Auch zu frühes, sehr hartes Einreiten und dauerhaft falsches Longieren begünstigen die Krankheiten.

THERAPIEN

Die Therapien dieser Erkrankungen sind vielfältig, langwierig, jedoch in der Regel gut wirksam. Besonders bei jüngeren Tieren lassen sich gute Erfolge erzielen.

Viel und richtige Bewegung, schonender Beritt sind ebenso wichtig wie die Korrektur von Haltungs- und Fütterungsfehlern. Beim Trauma sollte ein schonender Abbau der Verkrampfungen eingeleitet werden. Um die eine hilfreiche Beweglichkeit zu ermöglichen, sind Schmerzmittel oft unumgänglich.

Es können zusätzlich Hyaluronsäure und Glucosamin gegeben werden, sowie genau gemischte Kräutermischungen. Es gibt viele wirksame medizinische und naturmedizinische Mittel.

Art und Dosierung der Gaben sollten von einem Veterinärmediziner festgelegt werden. Oft müssen verschiedene Gaben erprobt werden, da die Tiere unterschiedlich reagieren.

Tiertherapeuten können dem Pferdehalter Massagen zeigen, geeignete Bandagen und hilfreiche, weiche Reit- und Longierhaltungen.

Dabei wird auch darauf eingegangen, wie krampfhafte Schonhaltungen beim Pferd abgebaut werden können.

Thema: Klopphengst oder „Und auf einmal war da ein Hoden an meinem Wallach."

„Und auf einmal war da ein Hoden an meinem Wallach." So entdeckt eben auf meinen Streifzügen durch verschiedene Facebook-Pferde-Gruppen.

So lustig das auf den ersten Blick ist, ein plötzlich erscheinender Hoden heißt nichts anderes als folgendes:

- derjenige, der Euch das Pferd als Wallach verkauft hat wurde entweder vom vorherigen (Hengst-)besitzer, der ihm wiederum das Pferd als Wallach verkauft hat über den Tisch gezogen oder aber er macht das jetzt seinerseits bei Euch, weil er genau weiß, dass das Tier nie kastriert wurde.
- Euer Pferd ist ein sogenannter Klopphengst, auch Spitzhengst genannt. Damit gehen einige Probleme einher wie beispielsweise Hengstverhalten aber auch ungewolltes Decken oder Krankheiten wie Hodenkrebs.

Die Ursache des Hodenhochstandes liegt in der Entwicklung. Hengstfohlen werden „ohne Hoden" geboren, oder besser gesagt die Hoden liegen noch im Bauchraum und sind nach außen nicht sichtbar.

Erst mit fortschreitender Reife des Pferdes steigen die Hoden entlang eines vorgesehenen Weges nach unten ab und verlagern sich in den Hodensack.

Beim Klopphengst bleibt dieser Vorgang aus. Je nach Ausprägung ist beim Klopphengst ein oder auch beide Hoden nicht in den Hodensack abgestiegen sondern liegen nach wie vor im Bauchraum.

Für den Laien scheint das nicht schlimm, manche freuen sich sogar wenn sie feststellen, dass ihr Wallach in Wirklichkeit ein Hengst ist.

Das streichelt das Ego, denn immerhin kommt man mit einem wilden Hengst zurecht. Doch weit gefehlt.

Kryptorchismus, wie der Hodenhochstand im Fachjargon heißt, ist kein Spaß, leider. Hoden steigen nicht umsonst in den Hodensack ab. Nur hier „lagern" sie mit der richtigen Temperatur, um zeugungsfähige Spermien zu entwickeln. "Zu warm gelagerte" Hoden können entarten bzw. sie neigen sogar dazu.

Klopphengste (zumindest die, bei denen beide Hoden im Bauchraum liegen) meist nicht zeugungsfähig (eben weil die Samen aufgrund der hohen Temperatur nicht reifen).

Liegt ein Hoden aber im oder nahe am Hodensack kann auch ein Klopphengst decken. Ungeplante Deckakte inklusive der Verletzungsgefahr für Hengst und Stute (immerhin wähnt der Besitzer die Stuten ja mit einem braven Wallach auf der Koppel) sind die mögliche Folge.

Ein weiteres, noch größeres Problem ist die Tatsache, dass nicht abgestiegene Hoden häufig entarten. Auch das ist direkt mit der für das Hodengewebe unphysiologisch warmen Lage in Verbindung zu bringen.

Laienhaft ausgedrückt: oben gebliebene Hoden sollten entfernt werden, um eine Entartung zu verhindern. Außerdem natürlich auch ungewolltes Decken und eventuelle Hengstigkeit gleich mit.

Aus medizinischer Sicht ist ein Klopphengst eine tickende Zeitbombe was Hodenkrebs angeht. Und weil der Hoden außen nicht sichtbar ist wird dieser Krebs beim Klopphengst meist nicht bemerkt (beim gesunden Hengst sieht man ja, wenn die Gonaden plötzlich dicker werden als normal) und es fällt erst auf wenn es zu spät ist.

Da die Klopphengst-Operation im Gegensatz zur Kastration nicht im Stehen oder gar im Stall stattfinden kann sondern es sich um eine „echte Bauch-Operation in der Tierklinik handelt, sind die Kosten relativ hoch. 1500 Euro und mehr sollte man auf jeden Fall mal einkalkulieren. Dies nur an alle, die sich überlegen einen Klopphengst wissentlich zu kaufen.

Ihr solltet die OP-Kosten in den Kaufpreis gleich mit einrechnen. Am besten fragt Ihr bei Eurer Tierklinik nochmal genau nach, was der „Tagespreis" so ist... Und dieser gilt nur, falls keine Komplikationen auftreten.

Das Entfernen von nicht abgestiegenen Hoden sollte in möglichst jungen Jahren gemacht werden, denn die OP ist eben wie gesagt eine "echte Operation" und nicht "nur ne kleine Kastration" - das heißt, sie ist für den Organismus sehr anstrengend und je älter das Tier desto schlechter....

Pferdebalsam - Wohltat für Mensch und Pferd

Pferdebalsam und Pferdesalbe wurden ursprünglich, wie der Name ja schon sagt, für Pferde entwickelt. Die rein pflanzlichen Zutaten sollten Pferden helfen ihre beanspruchten Sehnen, Muskeln und Bänder schneller wieder fit und schmerzfrei zu bekommen.

Irgendwann kam dann wohl jemand auf die Idee, sich selbst auch etwas gutes zu tun und die wirkungsvolle Mischung aus Kampher, Rosmarin, Menthol und Arnika bei sich selbst anzuwenden und siehe da, welch Wohltat. Ich spreche da aus Erfahrung, denn ich habe meinen von einem Pferdesturz böse in Mitleidenschaft gezogenen Rücken (ich bin damals wirklich sehr unglücklich gefallen und mein gesamter Rücken war grün und blau) mit Pferdebalsam behandelt und bin bis heute der Meinung, dass die Wirkung des Pferdebalsam meine Heilung deutlich beschleunigt hat.

Außerdem riecht er wunderbar nach frischen Kräutern.

Interessanterweise wirkt der Balsam, einmal aufgetragen, in zwei Phasen. Zunächst kühlt er, und zwar ziemlich (da der Auftrag in meinem Falle sehr großflächig war führte die Kühlung zu leichtem Frösteln), wenn Kampfer und Menthol verdunsten.
Die Kühle ist vor allem direkt nach der Prellung sehr angenehm, denn sie nimmt auch gleich den ersten, heftigen Schmerz etwas weg.

Ich finde auch, dass die Schwellung zurück ging. Korrekt formuliert sollte man wohl sagen „Schwellungen können zurück gehen" aber wie gesagt, mein Rücken, mein Eindruck: Pferdebalsam drauf, Schwellung besser ;)

Sind Kampfer und Menthol erst mal verdampft beginnt Phase zwei und der Balsam wärmt das Gewebe. Die Durchblutung wird gesteigert (diesen Umstand verdanken wir dann wohl dem enthaltenen Rosmarin) und das Gewebe kann sich durch die vermehrte Durchblutung schneller regenerieren.

Ich persönlich empfand die Erwärmung weniger angenehm als den kühlenden Effekt, was wahrscheinlich daran liegt, dass mein Unfall im August stattfand und es in dem Zimmer, in dem ich jammernd und mich ärgernd (hätte ich meine Sicherheitsweste getragen wäre wahrscheinlich gar nichts passiert) lag, gefühlte 35 Grad hatte. ;)

Abschließend sei aus meiner Erfahrung zu sagen: achtet darauf, dass Eure Haut nicht verletzt ist, wenn Ihr Pferdebalsam auftragt. Da Pferdebalsam eine gelartige Konsistenz hat und Alkohol enthält brennt das in Wunden nämlich ganz gewaltig.

Woher ich das weiß? Nunja... mein Rücken war nicht nur geprellt, sondern auch heftiger zerkratzt als ich dachte.

Der Gedanke „was solls, sind ja nur ein paar Kratzer" war angesichts des Alkoholgehalts des Pferdebalsams keine so gute Idee, aber hey – ich kann jetzt jodeln, die Nachbarn haben sofort und aus erster Hand von meinem Leid erfahren und die Kratzer waren umgehend desinfiziert, die Gefahr einer Infektion war also, eher ungewollt zwar, aber dennoch abgewendet.

Spaß beiseite: so schlimm war's nicht, sonst hätte ich ja nicht weiter mit Pferdebalsam behandelt, obwohl es in den kleinen Kratzerchen schon etwas gebrannt hat. ;)

Insgesamt kann ich sagen: Prellungen, Verstauchungen, Zerrungen und ähnliche stumpfe, nicht offene Verletzungen kann man mit Pferdebalsam wunderbar, wohlriechend und natürlich behandeln. Außerdem hat man mit nur einem Topf Salbe für Mensch und Pferd parat.

Der günstige Preis der Salbe spricht natürlich auch für sich. Für mich gehört eine Dose Pferdesalbe in die Haus- und in die Stallapotheke.